集人文社科之思 刊专业学术之声

集 刊 名：中国第三部门研究
主办单位：上海交通大学国际与公共事务学院
　　　　　上海交通大学中国公益发展研究院
　　　　　上海交通大学第三部门研究中心
主　　编：徐家良

Vol.20 CHINA THIRD SECTOR RESEARCH

编委会名单

主　　任：钟　杨　　副主任：徐家良

编　　委（按首字母顺序排列）

陈锦棠　香港理工大学	刘洲鸿　林文镜慈善基金会
陈　宪　上海交通大学	卢汉龙　上海社会科学院
程　玉　南都公益基金会	马庆钰　国家行政学院
David Horton Smith　美国波士顿学院	彭　勃　上海交通大学
丁元竹　国家行政学院	丘仲辉　爱德基金会
Dwight F. Burlingame　美国印第安纳大学	师曾志　北京大学
高丙中　北京大学	唐兴霖　华东理工大学
官有垣　台湾中正大学	王　名　清华大学
顾东辉　复旦大学	王丽丽　美国亚利桑那州立大学
郭　超　美国宾夕法尼亚大学	王行最　中国扶贫基金会
黄浩明　深圳国际公益学院	王振耀　北京师范大学
江明修　台湾政治大学	吴玉章　中国社会科学院
金锦萍　北京大学	徐家良　上海交通大学
敬乂嘉　复旦大学	袁瑞军　北京大学
Jude Howell　英国伦敦政治经济学院	郁建兴　浙江大学
康晓光　中国人民大学	翟　新　上海交通大学
李景鹏　北京大学	赵国杰　天津大学
刘世定　北京大学	钟　杨　上海交通大学
刘玉照　上海大学	

编辑部

主　　任：徐家良

责任编辑：卢永彬　田　园　陈　阵　吴　磊　邰鹏峰　汪锦军　赵　挺　许　源　薛美琴

编辑助理：张　圣

第20卷

集刊序列号：PIJ-2015-157

中国集刊网：www.jikan.com.cn

集刊投约稿平台：www.iedol.cn

中文社会科学引文索引（CSSCI）来源集刊
上海交通大学国际与公共事务学院
上海交通大学中国公益发展研究院
上海交通大学第三部门研究中心

中国第三部门研究

徐家良 / 主编

CHINA THIRD SECTOR RESEARCH

第 20 卷
Vol. 20 (2020 No.2)

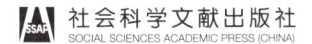

社会科学文献出版社
SOCIAL SCIENCES ACADEMIC PRESS (CHINA)

主编的话

值《中国第三部门研究》第 20 卷出版之际,有必要回顾上海交通大学中国公益发展研究院、第三部门研究中心自 2020 年下半年以来在举办和参加学术会议、智库建设、科研和社会服务方面所做的工作,可以概括为以下十二件事。

第一件事,到四川和浙江两地召开课题座谈会。7 月 16 日、7 月 27 日,分别在四川省民政厅、浙江省民政厅召开了社会组织结构布局优化课题(这是民政部委托的课题)座谈会,听取了各级民政部门领导和社会组织负责人的意见,获取了第一手的数据与材料。

第二件事,为成都区县有关部门的领导干部授课。8 月 5 日,应浙江大学邀请在杭州为成都市党建引领城乡社区发展治理有关领导干部以"反思疫情,应如何完善政社合作体系"为题进行授课。

第三件事,为社创之星学员授课。8 月 8 日,参加在江苏省张家港市举行的社创之星大赛留学生赛道活动,做了"中国社会企业区域发展经验与趋势"的主题演讲,介绍了中国社会企业在不同区域的发展情况。

第四件事,参加上海书展配套活动的主题论坛。"2020 上海书展"期间,华东理工大学主办的"创新城市社会治理 推动长三角一体化发展"主题论坛于 8 月 15 日举行,华东理工大学副校长吴柏钧参加论坛,上海交通大学中国公益发展研究院院长、国际与公共事务学院教授徐家良应邀做了题为"城市社会治理的主要特点与创新策略"的报告。

第五件事，举办雄安新区慈善组织参与扶贫济困主题活动。2020年8月19日至21日，上海交通大学中国公益发展研究院联合河北雄安新区管理委员会公共服务局共同举办了为期三天的慈善组织参与扶贫济困主题活动。这次活动是针对雄安新区慈善组织所进行的专题培训，以全面提高雄安新区慈善组织的业务能力和管理水平为目标，课程内容涉及慈善法规、慈善组织内部治理与管理、慈善组织在脱贫攻坚工作中发挥的作用、慈善组织募款和上海慈善组织管理经验等方面。这次培训加强了上海交通大学与雄安新区之间的联系，为以后进一步合作交流打下了坚实的基础。

第六件事，到深圳市宝安区调研。受宝安区慈善会委托撰写"合力慈善"一书。8月17日至21日，上海交通大学国际与公共事务学院课题团队在深圳市宝安区开展了为期一周的调研，召开了不同类型座谈会，收集了第一手数据和材料。

第七件事，在四川大学做线上讲座。四川大学全国干部教育培训基地和中国社会治理研究会联合推出基石计划，主要面向社区书记、街道主任、镇党委书记，以提升基层干部的综合素质和能力。8月26日，我受邀做了题为"基层政府如何借力社会组织"的授课。

第八件事，率队实地参观、考察成都社区基金会。2020年8月27日和28日，上海交通大学中国公益发展研究院、上海市徐汇区民政局赴成都考察社区基金会的发展情况。上海交通大学中国公益发展研究院院长、上海交通大学国际与公共事务学院教授徐家良，上海市徐汇区民政局副局长聂元军，徐汇区虹梅街道副主任郑凌，徐汇区枫林街道副主任李占书以及相关部门的领导、社区基金会秘书长一行共12人参加了此次考察。与成都市武侯社区发展基金会、成都市锦江区社会组织发展基金会进行了讨论与交流。参加了成都市社区基金会发展情况座谈会，参观了四川囊门宜邻居民服务有限公司。本次成都调研是上海市徐汇区"千里马"社区基金会人才育成计划 2019 年赴杭州调研后开展的又一次赴外实地调研活动。本次考察活动为期两天，考察团参观了成都市社区基金会、社会企业等，学习了解了成都市社会组织运作经验，为以后进一步加强上海和成都两地社区基金会的合作与交流打下坚实的基础。

第九件事，参加金华社会组织聚能计划活动。8 月 29 日，应金华市民政局、都市快报邀请，上海交通大学中国公益发展研究院院长、国际与公共事务学院教授徐家良在会上做了题为"社会组织成长与高质量发展"的演讲。

第十件事，参加杭州市"中华慈善日"活动。9 月 4 日，"决战脱贫攻坚 助力疫情防控"2020 年浙江省暨杭州市"中华慈善日"活动开幕，上海交通大学中国公益发展研究院院长、国际与公共事务学院教授徐家良应邀在会上做演讲，分析社会组织在抗疫与脱贫攻坚过程中的特殊优势，社会组织发挥出不可替代的作用。

第十一件事，参加公众伙伴日专题沙龙和"上善论坛"。9 月 5 日下午，参加由上海交通大学中国公益发展研究院、上海长宁区凝爱青年公益事业发展中心、上海长三角社会组织发展中心召开的"探索构建社区服务生态圈"专题沙龙，上海交通大学国际与公共事务学院教授、上海交通大学中国公益发展研究院院长徐家良教授对沙龙嘉宾发言进行了点评。徐家良教授从构建高质量平台、确认各方需求对接、提高专业能力建设、打通社会组织脉络、持续培育社会组织、加强引导社区基金会、5G 嫁接满足社区需求等多个层面，对构建社区服务生态圈进行了概括。9 月 6 日上午，首届"上善论坛"召开。由上海交通大学徐家良教授主笔起草、经与会各方代表广泛深入讨论定稿的首个"上善共识"发布。"上善共识"表达了慈善界"向上向善、共享共建"的共同理念，提炼了"大城有爱、公益之城"的共同目标，表达了"公谨自律、诚实守信"的共同责任，倡导"至善至美，追求卓越"的共同追求，推动公益慈善事业向高质量方向发展。下午，上海交通大学国际与公共事务学院教授、上海交通大学中国公益发展研究院院长徐家良教授参加了由上海市慈善基金会主办的"社会组织参与抗疫及疫后重振"专题论坛，并对本次论坛进行了总结点评。徐家良教授从法律、政府和社会组织三个层面出发，对疫情期间政府与企业关系、政府与社会协调和沟通、政府法制完善、社会组织自身能力建设等方面进行了反思。

第十二件事，参加全国性社会组织评估。9月8日至10日，应中国慈善联合会邀请参加全国性社会组织评估，对巨人慈善基金会、善小公益基金会进行社会组织等级评估。

通过梳理以上工作，上海交通大学中国公益发展研究院和第三部门研究中心做了一些实事，在国内外继续发挥积极作用。

本期主题论文有六篇。

第一篇论文由上海大学刘玉照教授、上海社会科学院社会学研究所助理研究员王元腾所写，题目为《跨界公共服务供给中社会组织参与的多重困境及其超越——对长三角流动儿童教育服务领域社会组织实践的考察》。社会组织参与服务流动儿童教育实践面临着"跨区域"和"跨领域"的双重困境。该文以长三角地区服务于流动儿童教育领域的多个社会组织的微观实践为蓝本，梳理了社会组织参与服务流动儿童教育面临的多重困境及其实践超越的逻辑。该研究发现，在面对跨区域边界分割和跨领域主体分立的现实挑战时，社会组织分别探索出"网络链接"与"缝隙黏合"的超越性实践策略。

第二篇论文由中共山东省委党校（山东行政学院）政法部马玉丽副教授、李坤轩教授所写，题目为《强政府、强社会：新加坡社会组织参与社会治理的经验与启示》。尽管中国社会组织的特征、任务、使命与新加坡有所区别，但二者之间在某些事项上仍存在较大的相似性与共通性。通过考察新加坡社会组织在社会治理中的发展与实践，可以发现新加坡社会治理中鲜明的"强政府、强社会"特征。

第三篇论文由合肥工业大学马贵侠副教授、安徽省委党校（安徽行政学院）潘琳副教授所写，题目为《慈善法治下慈善组织信息公开的合作监管探析》。该文以跨部门合作治理理论和慈善政策法规为慈善组织信息公开的合作监管分析基础，运用德尔菲法、熵权法综合分析了慈善组织信息公开的多元监管主体和监管内容的重要性排序，以此构建出慈善法治下慈善组织信息公开的合作监管模型，详析了各类监管主体的角色及运作策略。

第四篇论文由天津大学管理与经济学部公共管理学院何兰萍副教授、南京大学政府管理学院博士研究生王晟昱所写，题目是《主体合作与资源可及：慈善组织参与医疗救助的路径——基于135个案例的比较分析》。该文以合作治理理论、卫生服务可及性为理论基础，从救助主体合作和救助资源可及两个维度建立理论分析框架，将135个慈善医疗救助项目作为研究对象，对其救助路径进行清晰集定性比较分析（csQCA）。该文有三个方面的研究发现：一是政社合作有利于慈善医疗救助取得良好效果；二是慈善医疗救助多元主体合作框架尚不完善；三是地方性救助项目可促进救助的充分性和针对性。

第五篇论文由江苏行政学院公共管理教研部讲师涂謇所写，题目为《城市社区网格化治理的共同生产——以S市W区为例》。该文聚焦城市社区网格化治理议题，选取了江苏省首批创新实践社区网格化试点的S市W区作为案例研究对象，分析了城市社区网格化治理过程中的主体间互动关系，探索了共同生产的制度保障与社会基础。该研究发现，行政性社区向合作性社区转变是共同生产得以生成的制度基础，城市社区共同生产是在行政权力与社会力量达成平衡状态的前提下，政府与社会协同共治的结果。

第六篇论文由中国人民大学公共管理学院博士研究生王焕和教授魏娜所写，题目为《可持续性志愿服务何以可能？——一项基于扎根理论的探索性研究》。论文运用扎根理论的方法对访谈资料进行质性分析，归纳提取了影响志愿服务参与行为的个人因素、组织因素和外部因素三个核心范畴，同时，依据志愿者参与志愿服务的动态过程，详述了志愿者在未参与阶段、参与体验阶段和参与结束阶段的影响因素差异，构建了可持续志愿服务行为的逻辑框架。基于参与意愿与志愿行为可持续性将志愿者细分为热心型、成长型、沉睡型和被动型，并针对各个阶段的特征和志愿者类型，提出了志愿服务可持续化的建设路径。

在六篇论文的基础上，本书还有书评、机构访谈、人物访谈和域外见闻。

"书评"栏目有两篇，第一篇书评的题目为《社会组织参与重大突发事件治理的行动策略及局限——评〈重大突发事件应对——政府与非营利组织协作之道〉》。为有效应对重大突发事件、确保公共利益最大化，亟须引入社会组织、社会公众等多元主体参与重大突发事件治理。南京师范大学公共管理学院陆亚娜教授所著《重大突发事件应对——政府与非营利组织协作之道》一书，选取政府与社会组织协调应对重大突发事件作为研究主题，较为系统地研究了政府与社会组织协调应对的必要性与可行性，探讨了协调应对存在的诸多困境及其原因，认为有效应对重大突发事件的关键在于建立政府与社会组织协调应对的制度与相应机制，提出从政府、社会组织和社会公众三重维度出发，为政府与社会组织在重大突发事件中的协调应对创设内外环境和有利条件。第二篇书评的题目为《策略行动者：行业协会商会政策参与的新角色——评〈中国行业协会商会政策参与——国家与社会关系视角的考察〉》。行业协会商会通过政策参与能够在国家经济社会治理中发挥重要作用。浙江大学公共管理学院沈永东副教授所著的《中国行业协会商会政策参与——国家与社会关系视角的考察》一书系统分析了中国行业协会商会与政府关系多元化与动态性的新形态，突破了以往研究关于行业协会商会作为"传声筒"或是"游说者"的角色争辩，该书提出了当代中国行业协会商会在政策参与中的"策略行动者"新角色，考察了当代中国行业协会商会政策参与现状和策略性互动机制，弥补了以往研究在广度和深度结合上的不足。

"访谈录"栏目中的"机构访谈"介绍了江山市红盾应急救援队。江山市红盾应急救援队是一支由户外运动爱好者发起并于2014年正式成立的公益性团体，成员主要来自机关、学校、企业等组织。救援队有队员100多人，多次邀请相关专家为队员传授水上救援、山地救援、应急救护等技能，同时，救援队员将自身学到的知识和技能传授给身边的人，宣传防灾减灾知识，推广自救互救的理念，倡导让更多的人走上公益救援的道路。江山市红盾应急救援队加强了与相关政府部门的合作，既出现在各项应急救援任务中，也出现在江山市大型活动的安保现场，成为江山市应急和安全保障中重要的社会力量。

"人物访谈"访谈了湖南李丽心灵教育中心负责人李丽。李丽，湖南李丽心灵教育中心、湖南乐创公益慈善发展中心负责人，致公党党员、湖南省第十三届人大代表、湖南师范大学公共管理学院特聘硕士生导师。她一岁多时患小儿麻痹症，双腿严重残疾。面对病痛与磨难，她不仅没有怨天尤人、退缩逃避，反而凭借顽强的毅力，陆续创办多家企业。李丽先后创办了衡阳李丽家庭教育工作室和湖南李丽心灵教育中心、湖南乐创公益慈善发展中心。李丽先后荣获2007年感动中国人物、全国百名优秀志愿者、全国三八红旗手、全国百名优秀母亲、湖南省道德模范、民政部中华慈善奖提名奖等80多项荣誉。

"域外见闻"栏目介绍了英国志愿行动研究中心的运作。英国志愿行动研究中心隶属于东英吉利大学的健康科学学院，致力于志愿者、志愿组织、志愿服务等研究，传播志愿行动的理念和规律，推动志愿行动的实践。英国的志愿行动是比较活跃和有力的，所以不管是英国志愿行动研究中心的运作还是志愿行动的实践都有值得我国学习的方面。在"残障与志愿行动"的学术工作坊中，与会者认为，虽然中英两国的社会文化、社会政策框架是不一样的，发展阶段也是不一样的，但在助残社会服务领域遇到不少相似的困境，两国应该加强合作交流。

上海交通大学文科建设处处长吴建南、副处长解志韬和高延坤，上海交通大学国际与公共事务学院代理院长胡近、党委书记姜文宁等领导对中国公益发展研究院、第三部门研究中心和《中国第三部门研究》集刊提供了强有力的支持和诸多的便利，这也是我担任上海交通大学国际与公共事务学院教授和上海交通大学中国城市治理研究院研究员的研究成果。

特别感谢社会科学文献出版社王利民社长、杨群总编辑的关心和胡庆英编辑的认真负责！

为了提高服务的水平，确保论文质量，编辑部团队充分发挥集体的智慧。《中国第三部门研究》将努力为国内外第三部门学术界、实务界和管理机构提供一个信息交流与平等对话的平台，倡导有自身特色的学术规范，发表创新性的论文，不懈追求对理论的新贡献。为了梦想，我们共行，我们一同成长！

徐家良

2020年9月12日于上海囿川路中骏天悦

内容提要

《中国第三部门研究》是中文社会科学引文索引（CSSCI）来源集刊，主要发表国家与社会关系、社会改革与创新、第三部门与地方治理、慈善公益和公民参与等方面的研究成果。本卷收录主题论文6篇、书评2篇、访谈录2篇、域外见闻1篇。主题论文涉及社会组织参与流动儿童教育服务实践、新加坡社会组织参与社会治理中反映出的"强政府、强社会"特征、慈善组织信息公开合作监管策略、慈善组织参与医疗救助的路径优化、城市社区网格化治理中多主体共同生产过程，以及防止志愿者流失并有效推进志愿服务可持续发展的系统路径。书评基于《重大突发事件应对——政府与非营利组织协作之道》，分析了社会组织在参与重大突发事件治理中的行动策略及其局限，立足《中国行业协会商会政策参与——国家与社会关系视角的考察》，思考了行业协会商会在政策参与中扮演的新角色。访谈录介绍了江山市红盾应急救援队在参与灾害救援中发挥的作用，专访了湖南李丽心灵教育中心负责人李丽，讲述了其感人事迹以及在孩子教育方面开展的公益活动。域外见闻主要分析了英国志愿行动研究中心的运作模式及其对中国志愿服务的启示。

目　录

主题论文

跨界公共服务供给中社会组织参与的多重困境及其超越
　　——对长三角流动儿童教育服务领域社会
　　　组织实践的考察 …………………………… 刘玉照　王元腾 / 3
强政府、强社会：新加坡社会组织参与社会治理的
　　经验与启示 ………………………………… 马玉丽　李坤轩 / 31
慈善法治下慈善组织信息公开的合作监管探析
　　………………………………………………… 马贵侠　潘　琳 / 52
主体合作与资源可及：慈善组织参与医疗救助的路径
　　——基于135个案例的比较分析 …………… 何兰萍　王晟昱 / 69
城市社区网格化治理的共同生产
　　——以S市W区为例 ……………………………………… 涂　譞 / 94
可持续性志愿服务何以可能？
　　——一项基于扎根理论的探索性研究 …… 王　焕　魏　娜 / 113

书 评

社会组织参与重大突发事件治理的行动策略及局限
——评《重大突发事件应对——政府与非营利组织
协作之道》 ……………………………… 许　源　张苗苗 / 139
策略行动者：行业协会商会政策参与的新角色
——评《中国行业协会商会政策参与——国家与社会
关系视角的考察》 …………………………………… 吴昊岱 / 148

访谈录

理念倡导与技能补充：灾害合作治理中的社会力量
——访江山市红盾应急救援队叶祥飞队长 ………… 李　悟 / 157
生命感动生命，体察生命的滋味
——访湖南李丽心灵教育中心负责人李丽 ………… 许　源 / 167

域外见闻

英国志愿行动研究中心的运作与启示 ………… 曹　宇　赵　挺 / 183

稿约及体例 ……………………………………………………… / 192
致　谢 …………………………………………………………… / 196
Table of Contents & Abstracts ………………………………… / 197

主题论文
ARTICLES

跨界公共服务供给中社会组织参与的多重困境及其超越

——对长三角流动儿童教育服务领域社会组织实践的考察*

刘玉照　王元腾**

摘　要： 社会组织参与服务流动儿童教育实践面临着"跨区域"和"跨领域"的双重困境。一方面，流动儿童教育横跨流入地和流出地政府行政责任边界，面临着跨区域公共服务暗含的"边界分割"的紧张；另一方面，社会组织参与公共服务供给时需积极借助政府、市场和其他社会组织的力量，面临着跨领域协作不可避免的"主体分立"的紧张。本文以长三角地区服务于流动儿童教育领域的多个社会组织的

---

* 基金项目：教育部哲学社会科学研究后期资助项目"长三角服务流动儿童社会组织研究"（19JHQ075）的阶段性成果；田野调查和学术研讨活动曾得到上海市教委"探索长三角区域一体化教育领域新机制试验项目"系列课题、上海联劝公益基金会项目"长三角流动儿童公益机构学术研究及其教育论坛"课题的资助。

** 刘玉照，上海大学社会学院教授、博士生导师，北京大学社会学博士，主要从事经济社会学、组织社会学、城乡社会学等方面的研究，E-mail：liuyuzhao@shu.edu.cn；王元腾（通讯作者），上海社会科学院社会学研究所助理研究员，上海大学社会学博士，主要从事经济社会学、组织社会学、社会不平等、公益组织发展等方面的研究，E-mail：wangyuanteng@126.com。

微观实践为蓝本,梳理了社会组织参与服务流动儿童教育面临的多重困境及其实践超越的逻辑。研究发现,在面对跨区域边界分割和跨领域主体分立的现实挑战时,社会组织分别探索出了"网络链接"与"缝隙黏合"的超越性实践策略。一方面,通过搭建中介桥梁、打造链接平台的实践策略以试图消弭跨区域张力;另一方面,运用资源转换、组织切割等实践策略旨在消弭跨领域张力。文章不但丰富了流动儿童教育优化过程中社会组织参与的现实路径,也对社会组织如何调和各类外部紧张关系的理论推进提供了实证经验。

关键词: 长三角地区　流动儿童教育　跨界公共服务　社会组织

一　引言

在市场开放、城市建设、户口转制等中国社会转型过程中,人口流动不仅仅表现为规模扩展、诉求多样等现象的凸显,更体现了职业变换、目的地更换等持续迁移的社会过程,故当下中国可称为"流动性"社会。纵观改革开放40余年来我国人口迁移历史,流动人口增速经历了由快到慢的过程,近五年总体规模趋于稳定,基本保持在2.4亿人左右(国家统计局,2019)。在流动人口的举家迁移成为常态的同时,流动儿童规模也日益扩大,自2010年以来,虽然流动儿童绝对数量有所减少,但是占全国儿童的比例却基本保持不变,这意味着流动儿童群体稳定分布于同龄群体中(国家卫生健康委员会,2018:8~9)。从处于基础教育段的儿童规模来看,2018年全国义务教育阶段流动儿童在校生人数为1424.04万人,其中,小学为1048.39万人,初中为375.65万人,占同龄在读学生的比例均在10%左右(教育部,2019)。以全国人口流入聚集地的上海为例,截至2016年6月,全市义务教育阶段流动儿童总数为53.54万人,占上海市同龄段学生的43.53%。但是,如此规模的流动儿童却受制于户籍身份约束而难以享受到与城市孩子同等机会和质量的基础教育。

虽然推动流动人口享受均等化基本公共服务和市民化待遇的民间呼声高涨，国家宏观政策安排也曾提出"同在蓝天下"的承诺以推动流动儿童获得公平教育机会，但在户籍制度无根本改观前提下，难以获得流入地户籍的流动人口及其子女仍然不能享受与城市居民同等的待遇，适龄流动儿童享受到与本地儿童同等的基础教育机会也就难以实现。由此，长期以来，流动儿童教育这一跨越行政边界的公共服务事项陷入了政府托底覆盖不到位、有限市场力量供给水平低的困境。在此背景下，作为第三方力量的社会组织的参与在一定程度上弥补了政府和市场的供给不足。京津冀、长三角、珠三角等全国流动人口聚集城市群中活跃着上百家服务于流动儿童教育领域的社会组织，① 他们聚焦于倡导政策优化、辅助学校教育、扩展社区服务等内容，已经在流动儿童迫切需要的亲子教育、音美培训、课后辅导、素质提升等方面开展了诸多公益活动，对流动儿童教育这一跨行政边界公共服务供给做出了非常有意义的尝试。

在政府和市场供给失灵的背景下，仅仅依靠社会组织自身的力量来解决流动儿童教育问题是十分困难的，这就要求社会组织不断地协调与政府和市场组织的关系，以及其他社会组织之间的关系，调动和整合多方资源，来共同参与流动儿童教育服务。但是，长期以来，中国社会组织在发育和成长过程中除了与政府间存在张力外，与营利性市场组织的协作也存在着紧张关系。近几年，已有研究开始关注到社会组织生态场域内不同主体间相互合作机制及其不完全的面向（谢静，2012；朱健刚、赖伟军，2014；陆奇斌、张强，2016），行政体制约束下社会组织服务领域呈现"碎片化"（黄晓春、嵇欣，2014）等现象。由此，

---

① 根据千禾社区基金会、新公民计划、资助者圆桌论坛 2018 年 11 月联合发起的"流动儿童教育公益组织调查"的不完全统计，全国当时活跃着 147 家服务于流动儿童教育的社会组织。

从微观实践层面协调好与政府、市场和其他社会组织的紧张关系成为社会组织参与服务流动儿童教育必须面对的一个核心问题。

本文以长三角地区流动儿童教育服务领域的社会组织实践为蓝本，考察跨界公共服务供给过程中社会力量参与的多重路径，以梳理社会组织在跨区域、跨领域公共福利优化中的调试与超越。

二　文献回顾

（一）流动儿童、义务教育与不平等

在人口迁移流动的背景下，传统城乡间教育分化转换为流动儿童与本地儿童两个群体间的不平等，并陷入了新的"教育—贫穷"再生产的陷阱之中（Zhang，2017）。从全国情况来看，到2010年，全国性调查数据显示，流动儿童所能获得的教育资源明显低于同龄的城市儿童（韩嘉玲等，2014）。流动人口主要吸纳地的大城市无疑成为流动儿童教育不平等最突出的地区（Lu，2008），较高的入学门槛将流动儿童拒斥在城市之外，北京、上海等特大城市则更为严峻（雷万鹏、汪传艳，2012；Yuan et al.，2017）。除了教育机会获得缺失，流动儿童教育不平等的另外一个突出问题是受教育过程中的身份歧视。户籍制度壁垒导致了无城市户口的流动儿童被排斥在城市正规教育体系之外，即便成绩再优秀也难进入重点学校（范先佐，2005）。总体来看，入学时机会缺失与入学后过程排斥共同构成的教育不平等成为流动儿童产生被歧视感的最重要的诱因（雷有光，2004），虽然他们主观上渴望摆脱外来人身份而融入城市，但在日常教育活动开展中时常被排斥在外（石长慧，2013）。

自2010年以来的近十年间，流动儿童教育政策环境虽然有所改善，但机会不平等与社会排斥现象仍然存在，尤其是在特大城市人口控制政策推行以后更为明显。虽然户籍因素主导的流动儿童入学限制

有所放宽（汪卫平，2017），但地方政府仍然在流动儿童进入公办学校上设置了其他关联性入学门槛（Liu，2012），显性和隐性的排斥阻碍了流动儿童教育机会的获得（韩月，2015）和形成优异的学业表现（Qian and Walker，2015），并进一步影响到城市适应和社会融入（冯帮、兰欣，2017）。2013年后，特大城市流动儿童的教育处境再次成为焦点，其义务教育面临着人口调控城镇化战略与国家教育政策、国家教育政策与地方政府利益、教育资源供给与流动儿童公平教育需求等张力（佘宇、冯文猛，2018）。在城镇化和"两为主"相互矛盾的制度环境下，地方政府治理"城市病"与保障流动儿童教育权处于冲突之中，绩效理性促使它们趋利避害地选择"以教控人"来排斥流动儿童入学（富晓星等，2017），借助提高义务教育阶段外来人口子女入学和升学门槛来控制人口规模成为特大城市的通行选择（韩嘉玲，2017），流动儿童再次陷入教育机会不平等的处境（海闻、于菲、梁中华，2014）。

（二）人口流动与跨界公共服务供给：横向合作失灵与纵向激励缺失

针对流动儿童教育所代表的跨行政边界公共服务供给难题，既有研究从"横向协同"和"纵向激励"两种思路提出了优化路径。面对以单项闭合、刚性切割、排斥多元为特点的"行政区行政"治理形态已经不能适应公共议题日益区域化、无界化的态势（杨爱平、陈瑞莲，2004），新公共管理学提出了通过横向协同以构建跨区域治理模式的倡议。借鉴协同合作、双赢共赢、多元治理的"区域公共管理"取代"行政区行政"（李金龙、余鸿达，2010），搭建"多元治理"平台，构建"整体性治理"格局（王春福，2007；高建华，2010），建立政府间横向合作共治制度（邓宗兵等，2014）等优化建议层出不穷。但是，跨区域公共服务供给困境在于相关责任主体各自计算自我利益，进而导致陷入"各扫门前雪"的"搭便车"困境（Lockwood，2002），故区域间协同多因缺乏主观动力而丧失现实可行性。

考察中国公共服务供给体制可以发现,分税制改革之后中央政府将包括教育、医疗等在内的绝大多数基本公共事项的供给责任发包给了地方政府,各地方政府依靠本地财政承担供给职能(杨爱平,2011)。与此同时,地方政府人员之间存在竞争上级政府注意力而谋求职位晋升的内在驱动力,并形成了"政治锦标赛"(Li and Zhou,2005;周黎安,2007)。更进一步地,当"行政发包制"遇到"政治锦标赛"时,"纵向发包"与"横向竞争"的交错结合形塑了中国行政体系(周黎安,2008)。受此影响,地方政府对处于纵向发包程度高且横向竞争低矩阵中的公共事务往往缺乏介入激励(周黎安,2014),流动儿童基础教育——同时涉及流入地和流出地跨行政边界的公共服务事务——具有"教育事项"和"区域合作"双重纵向弱激励属性,政府的供给失灵也就在所难免。受既有行政体系治理资源短缺、治理架构不当、治理理念落后等弊端所累,地方政府面对流动人口公共服务诉求时往往跟进动力不足(刘玉照,2015),采取逃避策略成为常态(周建明,2014;杨明,2015)。由此,中国公共政策推进和良性落地需要从"纵向激励"的行政体制出发,承担公共服务的主要职能部门通常在借助党委和政府力量以获得"政治势能"后方能实现工作推进(练宏,2016;贺东航、孔繁斌,2019)。遗憾的是,流动儿童教育公共服务供给虽然在宏观政策推动上经历了从"两为主"(以流入地解决为主,以公办学校吸纳为主)到"两纳入"(纳入流入地区域教育发展规划、纳入流入地教育经费保障范围)逐渐明晰和强化的过程,但是高层推动的科层动员并未出现,流动儿童在经费获得、师资配备、考试升学等基本公共服务水平与本地孩子仍有较大差距。

面对人口流动所产生的跨区域公共服务供给失灵难题,既有研究从政府责任角度给出了优化建议,"横向协同"和"纵向激励"两种改善路径均预设了公共服务应该由政府完全担责的前提。其实,公共服务具有"公益性"和"公共性"双重属性,除了政府所代表的公共机构之外,社会组织所代表的社会力量也是不可忽视的主体之一(句华,

2017)。非政府组织参与基本公共服务已经成为世界趋势，社会系统可以在政府服务不足的情况下发挥弥补作用（顾丽梅，2012）。从实践可以发现，社会组织在跨区域公共服务过程中其实已经发挥了重要作用，但是既有研究多聚焦于既定行政辖区内居民公共福利状况改善过程中社会组织的优势，对更为棘手的跨行政边界公共服务供给中社会组织参与实践的关注却相对不足。由此，社会组织在跨区域公共事务治理中能够发挥何种效力、具体作用机制是什么、产生了何种影响等问题亟须实证资料予以丰富。

（三）作为"第三部门"的社会组织：公共服务供给中的多重紧张

为应对"政府供给失灵"，公共服务供给又逐渐探索出了市场化供给、公私合伙、互补供给、政府－市场－社会多方合作供给等多种模式，不同供给模式所依托的组织形态在法律基础、控制环境与责任、资金来源与税收政策等多个方面存在差异（邓国胜，2009）。更进一步地，不同组织形态因价值使命、运作原则、民众预期、成员构成等差异彼此间形成了行动领域的区隔。打破组织间边界、形成互动协调机制虽然被积极倡导，但公共服务供给过程中社会组织与其他主体互动时的多重紧张关系却较为常见。

其一，社会组织自主性与政府管理间的紧张。延续西方"市民社会"（civil society）理论范式，作为第三方力量致力于公共福利提升的社会组织在国内兴起之时即被寄希望于成为生发社会公共性的先行者，非政府组织作为社会生产的组织形态之一也被视为市民社会的微观基础（沈原，2007）。与西方社会不同，国内市民社会的民间基础薄弱，加上自古以来政治权威渗透较深的历史遗留，中国社会组织发育和成长状况无法脱离国家或政府的影响。因此，"国家－社会"的宏观理论范式及其相对应的微观层面的"基层政府－社会组织"关系成为中国社会组织研究长期聚焦的问题意识，政府管理与社会组织自主性间的紧张关系成为讨论重点。长期以来，在"强国家弱社会"的制度环境下，社会组织在登记注册、活动范围、资源供给、人员构成等方面受到政府的多方限制（葛道顺，2011；严振书，2010；黄晓春，2015），其生存与发展过程往往走向依附政府的态势（王名、贾西津，2002；王名、孙伟林，2010），公共空间发育也备受挤压（李友梅等，2012）。

面对与政府间的紧张关系，社会组织为保持自主与延续，试图在与政府合作互动过程中寻找缝隙（赵秀梅，2004；范明林，2010；张紧跟、庄文嘉，2008；姚华，2013），在依附政府中寻找自主空间（王诗宗、宋程成，2013）。由此，"行政吸纳社会"（Kang and Han, 2007）与"行政吸纳服务"（唐文玉，2010）融合发展构成了中国社会组织的实践生态。

其二，社会组织"公益追求"与市场"谋利取向"间的紧张。社会组织的存续和发展在人员吸纳、内部管理、服务供给等多个方面表现出类市场经济主体的特征，尤其是在面对资金匮乏而自我造血不足时，"社会企业"路径更成为非营利组织的策略选择（范明林等，2017）。不难理解，社会组织同时兼有社会与市场的二重性，是处于公益与营利之间的特殊组织形态（王名、朱晓红，2010）。既有研究多从社会组织的"市场性"所衍生出的社会企业概念、类型、模式等方面出发，展现处于"公益追求－谋利取向"之间社会企业的多重形态面向（杨家宁，2009；刘小霞，2012）。公益与市场间边界对组织及其成员的行动特征的影响俨然成为社会组织研究问题意识的新转向。

社会学领域的相关研究主要从两个方面展开对兼具"社会公益与市场经济"双重属性社会组织的分析。一方面，发展中层理论分析工具。刘世定（2011：153～159）结合经济学和社会学的理论工具，提出了"利润－关系收益"双目标企业模型，那威（2014）随后构造了"利润－社会价值"双目标企业行为模型。紧接着，刘世定（2017）又围绕"社会企业的生存和发展何以可能"这一主线，在理论层面提出了诸多待推进议题。另一方面，探究微观行动特征。聚焦社会组织微观行动，严俊、孟扬（2018）拓展了社会企业中层分析工具的解释边界，将其运用到"利益－价值"双重目标诉求的社会组织微观行动决策的分析中,剖析指出了"市场－社会"边界区隔的微观基础。

综上,追溯既有社会组织相关研究可以发现,社会组织与政府、市场等主体间的内在张力成为观照点,并分别展现了"独立自主－监管控制""公益追求－谋利取向"的紧张关系。并行不悖,社会组织在参与流动儿童教育服务过程中也面临着多重紧张关系,那么他们在实践中是如何应对这些紧张关系并实现超越的呢?

三 案例与田野介绍

为考察社会组织在跨区域、跨领域公共服务供给过程中与不同主体互动时的紧张关系及其实践超越的微观策略,本文以长三角地区流动儿童教育领域的社会组织为研究对象。本文田野资料获取主要来源于社会组织、流入地和流出地教育行政部门、以招收随迁子女为主的民办小学三个关键主体。[①]

其一,就服务主体来说,笔者及其团队成员[②]于2017年5月至2018年9月先后两轮对上海市、浙江省、江苏省、安徽省四地26家服务流动儿童的社会组织进行了总计40余次访谈。[③]访谈对象主要为社会组织或服务项目负责人、骨干成员、志愿者等,重点梳理了社会组织的目标定位与变化、转型与发展规划、资源获取及其约束、与政府部门的关系、成员价值取向与职业定位、志愿者的吸纳与管理等信息。笔者还多次通过志愿者会议、项目交流会、项目讨论会、组织间圆桌会议等

[①] 本文对所用访谈资料的细节做了相应省略处理,并根据学术规范对人名、地名、社会组织名称等做了技术化处理。
[②] 参加过本项目调查的老师和同学有:严俊、Laurence ROULLEAU-BERGER(法国社会学家,中文名:罗兰)、祝琳、兰雅心、王岩、乐鹏举、林伟挚、景彬洁、乌尼日其其格、苏亮、孙肖波等,本文所使用的案例调查资料分别由不同的老师和同学分组完成,在此对参与田野调查的所有老师和同学表示感谢。
[③] 地区分布为:上海11家,浙江5家,江苏4家,安徽6家。其中,笔者对6家机构进行了二次回访,对3家机构进行了三次回访;单次访谈时间均在2小时以上。

方式参与观察了这些社会组织的微观互动过程。

其二，就服务关切方来说，笔者从 2016 年开始陆续对流出地政府和流入地政府教育行政部门（上海市与安徽省）进行了多次访谈，考察了不同时期流动儿童政策及其介入行为的特征和变化，并重点关注了社会组织在弥合流入地和流出地之间跨区域公共服务分割所发挥的作用。除了政府，笔者还对社会组织另一主要资源获取方的基金会进行了专门的访谈，考察基金会在项目筛选、中期考核、结项评估等不同阶段的工作侧重点，并重点考察了基金会在推动不同地区社会组织成长、流动儿童教育质量提升中的作用。

其三，就服务落地对象来说，笔者对社会组织服务落地的主要载体，即以接收流动儿童为主的 30 多家民办随迁子女学校的举办者或校长（主要集中在上海市）进行了访谈，重点考察了社会组织落地服务内容、学校反馈评价、家长和学生收获等内容，对社会组织在公共服务供给过程中的实际作用进行了验证性调查。

本文的主体部分将结合不同社会组织的具体实践，分"区域间边界分割"与"领域间主体分立"两部分来分别分析和探讨它们在参与流动儿童服务中所面临的困境及其超越实践。

四　区域间边界分割与社会组织"网络链接"的实践超越

跨行政边界的流动儿童教育因关涉流入地和流出地政府而面临行政区域间非协同难题，形成了"边界分割"的现实困境。对此，为更好地回应流动儿童的教育需求，部分服务流动儿童的社会组织在实践中探索出了一系列"网络链接"的行动策略。

（一）搭建中介桥梁：弥合横向政府间的地域边界

受制于既有制度安排，跨越行政边界的流动儿童义务教育供给时常陷入流出地和流入地政府间相互推诿的尴尬局面。自 20 世纪 80 年代以来，义务教育政府供给体制先后经历了从"地方负责、分级管理"（1985～2000年）到"分级管理，以县为主"（2001～2005年），再到"以县为主，省级统筹"（2006年至今）的过程，辖区内属地负责成为体制基础。流动人口跨区域流动后，其子女义务教育挑战了行政区负责的既定边界，使流出地和流入地政府观望逃避成为惯常（徐晓新、张秀兰，2016），上海（流入地）与安徽（流出地）两地政府的行为也没有跳出上述逻辑。虽然专门针对流动儿童教育的"两为主"政策早在1998年就已出台，[①]但"流入地和流出地协同解决"的政策要义并未在实践中找到痕迹。原本需要两地政府协商解决的流动儿童教育问题却碰到了行政边界的阻碍，上海与安徽两地均固守责任边界，皖籍驻沪流动儿童陷入了双边政府均关心不到位的境地。在横向政府间协同失效的背景下，安徽LA市YA区YJ社会组织架起了联通两地政府的非正式中介桥梁，成为弥合横向政府间地域边界的典型代表。

改革开放以来，特别是20世纪90年代后，安徽省LA市YA区人口外出规模逐渐增大，早在2000年初就已有占总人口近三成的约30万人选择外出务工，其主要目的地集中在上海和江浙地区。到2003年，外出人口中约1/3为举家迁移，由此产生了3万多名亟须义务教育的适龄儿童。为解决家乡外出子女读书问题，部分YA区外出人口在长三角地区举办了多所以招收流动人口子女为主的简易农民工子女学校。此类学校虽然规模可观，但因投入不足而暴露出师资素质不高、日常管理落后、教学质量较差等诸多弊端，两边政府都没有给予支持、认可和管理。面对流动儿童教育这一跨区域治理事项，"两为主"文件政策中所倡导的双边政府间协同止步于政策文本之中而并未得到切实落地。

为解决流动人口子女就学和支持随迁子女学校生存，YA区教育局已经退休的局长于2003年发起成立了"YA区教育局异地教育工作者

[①] 1998年，国家教委联合公安部印发了《流动儿童少年就学暂行办法》，提出了"流动儿童少年就学以流入地管理为主、以在流入地全日制公办中小学借读为主"的意见。

协会"（以下简称"YJ协会"），旨在吸纳本区在外地举办学校的办学者加盟，并对其提供服务和进行管理。YJ协会属于在自愿基础上成立起来的群众性民间组织，凡本区在外地兴办民工子弟学校的人员均可参加。协会由YA区教育局直接领导，YA区社会力量办学管理办公室具体负责日常工作监督。YJ协会日常工作由每届任期三年的会长主持，会长、副会长、秘书长等由会员代表大会民主选举产生的理事会和常务理事会推选产生。

面对政府间就流动儿童义务教育治理（流动儿童教育服务供给和民工子弟学校规范管理）存在的沟通和合作困境，YJ协会基于民间组织灵活性特征在两地政府间建起了协调和沟通的桥梁，通过协调两地多种资源的方式促进了流动儿童教育服务质量的提升。

首先，协调多方机构帮助流动儿童解决急需的学籍注册、教材获取难题。一方面，YJ协会主动对接YA区教育部门为外出适龄儿童办理了原户籍所在地学籍，协助教育局做好学生登记工作，保障了外出人员子女获得合法入学身份；另一方面，YJ协会对接本市新华书店和长三角地区民工子弟学校负责人，以中介担保人身份帮助二者建立稳定的教材供需合约。

其次，依托工作人员的教育行业背景优势为简易学校提供了师资支持。YJ协会在旗下会员单位（民办简易学校）陆续开展了教学活动指导、教师资格认定和职称评定、举办者能力培训、教育教学质量测评等工作，在政府教育部门业务指导不足的情况下帮助简易学校提高师资水平。据协会负责人介绍：

> 我们带着教育局人事部门（工作人员）到上海、到江苏，为民办（简易）学校的教师评职称，把办理职称的工作搬到外地去处理，有很多教师，尤其是大学生，在我们这里取得了教师资格证，评了职称。（访谈记录，编号：20160419）

最后，利用流出地政府背景优势协调民工子弟学校与流入地政府之间的关系，为民工子弟学校营造了良好的外部环境。在跨省、跨区县横向政府间官方协同难以达成的情况下，YJ协会采取多种策略以发挥中介人的作用。一方面，YJ协会协助流出地政府掌握了流动儿童的入学信息，为流出地政府完成普九达标任务做出了贡献。另一方面，YJ协会主要负责人的政府背景有助于与流入地政府接洽协调，帮助办学者加强与流入地政府的沟通和交流。另外，YJ协会的流出地背景使其更容易掌握办学者的具体情况，也可以协助流入地政府加强对他们的管理。因此，YJ协会不但在两地政府与办学者的沟通中起到了中介作用，而且在一定程度上也成了流出地政府与流入地政府沟通的桥梁。对此，YJ协会秘书长介绍说：

> 学校兴办者对当地教育部门情况不熟悉，上海那边对我们（流出地）不熟悉，我们必须架起一座桥梁，然后为学校搞好服务，为当地政府教育主管部门提供一些必要的信息，以利于他们管理。（访谈记录，编号：20160422）

不难发现，作为中介人的YJ协会架起了原本因地域区隔而无法达成的政府间协同的桥梁，为民工子弟学校服务于流动儿童教育赢得了相对稳定的生存环境。

（二）打造链接平台：形成社会组织间的跨地域协同

流动儿童教育内含的多项诉求决定了其相关公益服务需应对地区间边界的现实困境，不同地域社会组织间互通有无和彼此合作则是服务效果提升的必然要求。但是，正如前文所述，社会组织"公共性"追求通常会受制于行政性边界的约束，并进一步造成了公益服务"碎片化"倾向。即便能够跨越碎片化障碍以达成相互协作，社会组织间合作也往往陷入短期、脆弱的不稳定性泥淖之中。由此，如何弥合社会组织服务跨地域的边界分割成为其参与公共服务供给的关键突破点。笔者在调研中发现，作为支持性社会组织的 LQ 基金会成为在长三角地区流动儿童教育服务过程中多个社会组织间进行跨地域沟通协作的黏合剂。

  LQ 基金会成立于 2009 年，致力于打破民间公益组织与慈善资源之间的壁垒，试图搭建起捐赠人与社会组织间无缝衔接的桥梁以共同解决社会问题。当关注到城市流动儿童群体规模之大、社会外部性之强的现状后，LQ 基金会于 2016 年起制订专项服务计划重点资助长三角地区服务流动儿童的项目。LQ 基金会依托公开募捐、企业捐赠、个人捐助等多种筹款方式集结资源，开设专项服务项目以支持服务于流动儿童社会组织的成长和发展。2018 年，LQ 基金会总筹款金额突破亿元，较上年增长了四成左右，所支持的以流动儿童为主的困境儿童服务项目直接开支占比连续三年超过三成。截至 2018 年 12 月 31 日，针对流动儿童的教育资源不平等、安全保护薄弱、亲子关系疏离、社会融入困难等问题，LQ 基金会累计资助了全国 165 个公益组织、345 个儿童服务公益项目，超过 60 万名儿童和青少年受益，累计支出近 5000 万元。其中，2018 年 LQ 基金会资助的 125 个流动儿童教育服务项目中有 68 个位于江、浙、沪、皖地区，已连续三年将超过半数的资助项目落地于长三角地区。作为资助型社会组织，LQ 基金会致力于营造中国民间公益互信、合作、可持续发展的行业环境，促进社会组织间相互沟通和合作，以跨越行政边界的约束。就田野调查发现来看，LQ 基金会聚焦于流动儿童和社会组织机构两个主体，分别通过建立行业内研讨会工作模式和搭建行业内外多主体交流平台两种路径为促进社会组织间跨区域协作注入民间公益的力量。

  其一，建立行业内研讨会工作模式，协助社会组织挖掘流动儿童真实需求。挖掘流动人口及其子女在教育上的真实诉求并有针对性地提供服务是社会组织的根本价值所在，但在实践过程中却容易出现偏差。诸如，基于机构创始人或项目主管的自我理解来设定服务事项，而并不关心服务对象的反馈与诉求变化；以资助方项目要求为基本导向来迎合其目标，忽略服务对象真实诉求的回应。为消解社会组织微观实践中的上述潜在弊端，LQ 基金会开辟了资助项目多方参与评价的研讨会工作模式。一方面，LQ 基金会建立了行业内工作交流制度，每年轮流在长三角地区不同城市集中组织资助项目的立项论证交流会、中期考核交流会和结项报告交流会。正是借助上述工作模式，不同区域的社会组织间方可有更多机会相互交流服务开展难点、彼此展示工作方法、共同分享服务心得、相互评价项目效果，同行群体间的交流和学习也有利于他们更好地挖掘和应对服务对象的真实需求。另一方面，LQ 基金会引入高校专家、公益实践专家等智力资源加入项目研讨会，从理论层面帮助社会组织挖掘服务对象需求。LQ 基金会与国内某资助平台机构合作，邀请高校专家学者、相关资助方、社会组织机构或项目负责人就"流动儿童需求和有效解决方案"等议题不定期进行交流讨论。由此，通过搭建起专业智力资源与不同地区一线实践者面对面交流困境、方法与心得的机会，LQ 基金会进一步促进了社会组织实践对流动儿童教育服务需求的真切回应，甚至在某些方面还实现了流动儿童服务领域中"流入地"与"流出地"的对接。

其二，引入行业外多主体机构搭建社会组织跨地域交流平台。LQ 基金会秉持支持型社会组织价值使命，帮助更多的草根组织成长成熟，支持初创型机构和新项目成为其资助重点。以 2018 年资助项目情况为例，新增项目约占全年流动儿童教育相关资助项目的五成，诸多成长型组织在与 LQ 基金会合作过程中走上了规范发展道路并提升了专业服务能力。为促进社会组织从业人员与行业外的沟通交流，LQ 基金会与上海某高校建立了合作伙伴关系，依托流动儿童教育学术研讨会的平台，吸纳了来自不同地区的政府官员、专家学者、一线社会组织、新闻媒体以及基金会资助方等多方力量共同探讨流动儿童服务领域社会组织发展问题。举例来说，笔者在调研中发现，安徽省 NG 组织作为 2014 年正式注册成立的草根型公益组织，创始人对 LQ 基金会提供的交流平台在帮助组织成长中的作用感慨颇深：

> 在 LQ 基金会活动中，与其他项目交流时意识到与长三角、安徽等其他机构有差距，体现出失误、急躁的心理……这几年下来给我感受最大的是项目规范，这是基础，对机构的成长作用很大……说实话，我们没有经验，而且我们没有专业化的理论知识和项目执行的经验做背景，但比较感谢 LQ 基金会给我们的机会。第一年哪怕几千块钱的合作，起码让我们机构有了规范，不管机构是成功还是失败，抑或存在没有解决的问题也好，起码我们自己能够反思到机构存在的短板。（访谈记录，编号：20170518）

不难看出，LQ 基金会搭建起了社会组织行业内外多主体沟通的平台，从而为以 NG 组织为代表的初创型公益机构开阔视野、了解流动儿童这一特殊主体在不同地区面临的不同问题提供了专业知识学习、经验习得等机会，最终促进了草根型社会组织的成长和成熟。

综上，为应对具有跨区域特征的流动儿童教育所内生的横向政府间协同及其社会组织间合作所面临的区域间"边界分割"的现实，长三角地区服务流动儿童社会组织在公益实践中探索出了"网络链接"的微观行动策略。一方面，社会组织扮演了中介桥梁角色，通过民间性非正式组织身份嫁接起了流入地和流出地政府间跨地域沟通的渠道；另一方面，社会组织通过打造资源链接平台的方式，增加了社会组织间沟通交流的机会、增加了它们间稳定合作的可能，进而消弭了跨区域协作难题。

五 领域间主体分立与社会组织"缝隙黏合"的实践超越

正如既有文献所指出的，作为第三方力量的社会组织在参与公益实践中需处理与政府和市场之间的关系。具体来说，面对予以监管控制的政府部门时,社会组织需要谋求"独立自主";面对"谋利取向"的市场机制时,社会组织则需要坚守"公益追求"。由此,消弭与政府和市场间"主体分立"的现实紧张成为具有践行公共性追求价值取向的社会组织微观行动中需要应对的重要考验。

(一) 资源转换:社会组织与政府间张力的消弭

政府与非营利组织的关系向来是社会组织研究的核心问题(萨瓦斯,2002;萨拉蒙,2008)。中国社会组织在微观实践中最重要的互动对象为政府部门,社会组织公共性和自主性价值追求与政府公共服务供给行政管理之间的紧张关系业已得到诸多论证。在流动儿童公共服务供给的过程中,政府所代表的行政力量与社会组织所代表的社会力量之间的张力交织体现为两种不同领域间的目标紧张。下文中,笔者将流动儿童教育公共服务置于特大城市人口调控政策背景中考察社会组织微观的自我调适策略,从而展现社会组织在消弭政府意志与社会需求间张力的实践超越。

随着《国家新型城镇化规划(2014—2020年)》的出台释放出"严格控制特大城市人口规模"的信号,北京、上海、广州等特大城市陆续出台了配套性人口调控措施,以房控人、以业控人、以教控人成为通行的行政手段。以上海市为例,2013年上海市政府即修订了流动儿童就读本市学校的规定,将"合法稳定就业、合法稳定居住"明确为基础门槛条件,流动儿童入学条件较之前大为收紧。随后几年,流动人口实现"合法稳定居住"所依赖的住房选择空间随着"拆违"行动推行而大为缩减,获得"合法稳定就业"机会所依赖的社保缴纳则长期难以落地,两项政策的严格实施进一步减少了流动儿童入学和升学机会(刘玉照、王元腾,2017:133~135)。人口调控政策的强力推行致使相当一部分流动儿童被迫返回原籍地接受教育,但仍有部分孩子通过幼儿园戴帽、公办学校借读、民办学校违规招录等多种方式继续留在城市读书。由此,流动儿童跟随父母在流入地接受义务教育的社会诉求与政府人口调控的行政理念间构成了紧张关系。受此影响，以服务于流动儿童教育为价值追求的社会组织面临着人口调控政策带来的行动空间的挤压。如何处理与政府间关系、是否继续关注流动儿童教育、机构如何转型等问题成为考验社会组织何去何从的关键。

笔者在调研中发现，在上述政策背景下，部分社会组织开始将服务对象从原来的以全部招收流动儿童的民办学校为主转向服务于招收大量流动儿童的公办学校，也有社会组织开始将服务对象延伸到返乡后的留守儿童。当然，也有社会组织仍然坚守服务城市流动儿童教育诉求的价值使命，PL组织通过资源转换来消弭机构自主性与政府管理间的紧张关系即为典型案例。

上海市PL组织早在2006年就开始服务于城市困境儿童——流动儿童，2013年正式登记注册后主打英语培训，服务落地点集中在民办随迁子女学校、以流动人口为主的社区。伴随上海市人口调控政策，民办随迁子女学校数量急剧减少，由2010年的162所减至2017年的113所，降幅超过30%；就读学生由13余万人减少至6万多人，降幅超过50%。面对如此情况，基层街镇领导也开始压缩专门服务于流动儿童的社会组织的运作空间，试图引入相对成熟且质量较高的公益力量以服务本地社区的户籍孩子。在此之前，PL组织在开展社区流动儿童服务时虽然对外宣称只招收流动儿童，也因街道在场地供应上提供的便利而未设置强制性门槛来排除本地孩子。因PL组织的英语培训质量较高而得到了社会广泛认可，上海市MH区HU街道试图将其引入本地社区以打造亮点工程，PL组织骨干成员道出了当时背景：

> 是这样子的，就是之前认识的区民政局的领导，后来就调到HU街道去了，他说他们街道也比较缺这样的资源，说我们今年（2017年）暑假（爱心暑托班）可不可以来他们街道开，他们有场地……他说，他们街道里也有困难户的啊，也有低保人群啊，他们可以给我们找这样的人群的啊。他是这样的说的，但是，到时候

来的什么人,他怎么知道啊,他总不能让别人拿贫困证明给你看看吧,对吧?(访谈记录,编号:20170728)

由此,PL组织出于政府部门无法在技术上直接将流动儿童排除在外的考虑而接受了HU街道的邀约,从而进驻到社区开展暑期教育服务。但是,PL组织并未接受街道指定的社区而是选择了外来人口占比超过八成的社区,最终的服务对象中本地与外地孩子占比也平分秋色。不难发现,PL组织转换政府资源支持的同时保留了自主性,一方面实现了街道领导引入社会组织服务本地孩子的目标,另一方面也坚守了继续服务流动儿童的价值诉求,实现了社会组织与政府目标达成的均衡。

(二)组织切割:社会组织与市场间张力的消弭

社会组织服务开展及其延续高度依赖于政府外包、基金会资助、企业捐赠、公众捐助等外部资源,并时常因为与资源方在价值目标、工作流程、检查验收等方面的诉求差异而产生冲突。本文所调查的长三角地区服务于流动儿童的26家社会组织中,超过半数组织将政府视作主要资源方之一。但是,社会组织在承接此类项目时,政府对社会组织资质条件、财务审计、宣传策略等方面设置了诸多约束,甚至影响到了机构活动的正常开展和效率提升。为解决资源获取过多依赖于外部力量而影响到彰显自我主体性,诸多社会组织开始寻找自我造血的运行路径,增加经营性收入成为有效的尝试。

随着城市中产阶层对子女艺术兴趣、体育特长、外语能力等综合素质提升的格外关心和有意培养,相关课外教育市场已经大为火热。其实,社会组织开展的诸多服务项目,诸如上海PL组织擅长的青少年英语教育、浙江SX组织专注的亲子关系提升、江苏XZ组织提供的暑期夏令营等项目均能够在谋利导向的教育市场中找到相对应的"收费产品"。笔者在调研中发现,已经有社会组织开始试探性向服务对象收费,虽然得到了作为服务对象的流动儿童家长的理解和接纳,却遭受到公益同行的质疑。2017年3月,LQ基金会组织了长三角流动儿童项目研讨会,大部分长三角地区社会组织负责人或项目骨干参与了讨论,十余个项目负责人进行了现场分享。在此期间,上海HL组织在分享亲子活动项目时介绍了向服务对象收费的举措,一时间引发了与会者们激烈的讨论,俨然成为当天争议最大的议题。与会人员争议焦点主要集中在以下问题:收费是否具有法律合法性依据;公益组织在收费的同时如何保持非营利性的核心价值;如果可以收费,其标准如何确定,是否可采取捐赠或众筹等替代性变通方案;等等。为应对收费带来的市场化运作质疑,一些社会组织探索出了"组织切割"的策略来试图弥合公益机构"公益追求"与市场收费"谋利取向"间的张力。

　　本文考察的公益组织的服务对象为城市相对弱势且资源匮乏的流动人口子女群体,在课外教育市场化风靡的当下,作为获益方的流动儿童享受到的是相对于市场价格更为"超值"的服务。针对具备可营利、可复制的市场化属性的服务产品,部分社会组织开始尝试将此类服务产品推向商业市场,服务于流动儿童的上海BT组织正是典型代表之一。BT组织是致力于青少年经济公民教育的非营利组织,于2009年正式注册成立,主要为流动和留守儿童开设财商、生活技能和社会创新课程,以培养儿童及青少年的公民素养、财经素养及创业精神。BT组织成立之初已经意识到机构所提供的相关财商课程富含商业价值,能够吸引中产及以上家庭选择付费购买。但是,本着服务弱势群体的初衷,组织创始人将受众锁定为中低收入家庭,为其提供公益服务。2015年,随着财商系列产品规模化程度的提高,BT组织随即单独成立了另外一家营利性商业企业,以专门服务于高收入人群,而原组织仍坚持服务弱势群体。为避免社会外界对组织"公益性"价值的怀疑,BT组织采取了两种策略来宣称和彰显自我公益身份。一方面,BT组织对推向市场(需付费购买)和服务于弱势群体(免费提供)的产品进行了清晰化区隔,形成了各自独立的品牌。对此,BT组织负责人介绍说:

两个产品的性质是一样的，品牌不一样，比如说同一款财富桌游，它的这个设计你一看上去就是包装比较精美，就是比较（市场），就是要卖的，要两百多块钱买的；那另一个（公益）就是相对简单一点的一个盒子，就是相对朴素一点，而且它那个难度要低一些。（访谈记录，编号：20170803）

另一方面，BT组织对企业和公益机构间的日常管理运行进行严格区隔，形成了商业企业与公益服务机构绝对隔绝的组织形态。据BT组织负责人介绍：

它（企业）和我（公益机构）是两套人马，全独立的，品牌独立，办公室也不在一起……企业是纯商业运作，纯商业，跟公益扯得很清楚。我们两家之间如果合作干吗的，也要付钱的嘛。（访谈记录，编号：20170803）

综上，社会组织服务流动儿童教育的公益实践，虽然面临着与政府、市场以及二者双重作用时的现实紧张，但是它们也积极自我改变而探索出了"缝隙黏合"的超越性微观实践。当谋求"独立自主"的社会组织与管理的政府部门存在关系紧张时，前者采取了资源转换的策略，在满足政府需求的同时也践行了服务对象选择的自主性；当坚守"公益追求"与"谋利取向"存在关系紧张时，社会组织主动选择了市场运行与公益服务各自领域的彼此切割，进而较好地回应了同行及社会的质疑。

六 结论与讨论

农村人口向城市流动、小城镇人口向大城市迁移成为改革开放以来中国经济社会发展的一个缩影，人口大规模迁移在助力中国经济体迈入世界前列的同时,所衍生的流动人口子女教育这一跨行政边界的公共服务却因为户籍制度和既有行政体制约束而出现长期供给不足的问题。观察流动儿童教育服务优化的现实图景可以发现,作为第三方力量的社会组织实际上扮演了推进者的角色。本文以长三角地区服务于流动儿童教育领域社会组织的实践为蓝本,在分析社会组织所面临的多重困境的同时也梳理了其微观层面的应对策略逻辑。

社会组织参与流动儿童教育服务的实践面临着"跨区域"和"跨领域"双重约束。其一,跨行政边界的流动儿童教育不但因关涉流入地政府和流出地政府而面临地方非协同难题,而且区域间社会组织也因彼此难合作而形成了公益生态系统内部"公共性"与"碎片化"间的紧张,集中体现为跨区域"边界分割"的现实困境。其二,社会组织参与公共服务供给时也面临"跨领域"的实践挑战。社会组织自主性与政府管理、社会组织"公益追求"与市场"谋利取向"间的双重紧张关系集中表现为跨领域"主体分立"的现实挑战。

面对上述紧张关系,本文以长三角地区服务于流动儿童教育社会组织为分析蓝本,通过典型案例的实证调查梳理出了"网络链接"和"缝隙黏合"两类超越性的实践策略。其一,在面对"跨区域边界分割"的现实困境时,社会组织通过"搭建中介桥梁"和"打造链接平台"的策略弥合横向政府间的地域边界、促成社会组织间的跨地域协同,体现了"网络链接"的策略逻辑。其二,在面对"跨领域边界分割"的现实挑战时,社会组织则分别通过"资源转换"和"组织切割"策略消弭与政府和市场之间的紧张关系。

从现实意义来看,文章聚焦城市流动儿童教育——人口迁移与户籍制度双重产物的跨界公共服务——福利改善过程中社会组织的参与实践,揭示了第三方社会力量在跨区域和跨领域公共服务供给中的超越性实践路径,丰富了流动儿童教育改善路径和社会组织微观行为的多面向要素研究。就理论意义而言,在全面考察长三角地区流动儿童教育领域社会组织的行动特征基础上,本文梳理了社会组织在调和与政府、市场间关系时的实践逻辑，为后续社会组织相关理论进展做了实证铺垫。也要看到，社会组织参与公共服务供给同样会存在"志愿失灵"（Salamon，1987）的可能，西方公共服务供给模式也早已出现了"逆向民营化"的新转向（胡伟、杨安华，2009）。因篇幅所限，本文过多呈现了社会组织参与路径的超越性的面向，对"志愿失灵"并未予以特殊观照，这仍需后续研究继续跟进。

【参考文献】

邓国胜，2009，《公共服务提供的组织形态及其选择》，《中国行政管理》第9期，第125~128页。

邓宗兵、吴朝影、封永刚、王炬，2014，《中国区域公共服务供给效率评价与差异性分析》，《经济地理》第5期，第28~33页。

E.S.萨瓦斯，2002，《民营化与公私部门的伙伴关系》，周志忍译，中国人民大学出版社。

范明林，2010，《非政府组织与政府的互动关系——基于法团主义和市民社会视角的比较个案研究》，《社会学研究》第3期，第159~176页。

范明林、程金、李思言，2017，《社会经济理论视角下的社会企业研究》，《华东理工大学学报》（社会科学版）第2期，第9~18页。

范先佐，2005，《"流动儿童"教育面临的问题与对策》，《当代教育论坛》第4期，第24~29页。

冯帮、兰欣，2017，《近十年我国流动儿童城市适应问题研究的回顾与反思》，《教育与教学研究》第6期，第41~47页。

富晓星、冯文猛、王源、陈杭，2017，《"教育权利"vs."大城市病"——流动儿童教育获得的困境探究》，《社会学评论》第6期，第40~55页。

高建华，2010，《区域公共管理视域下的整体性治理：跨界治理的一个分析框架》，《中国行政管理》第11期，第77~81页。

葛道顺，2011，《中国社会组织发展：从社会主体到国家意识——公民社会组织发展及其对意识形态构建的影响》，《江苏社会科学》第3期，第19~28页。

顾丽梅，2012，《公共服务提供中的 NGO 及其与政府关系之研究》，《中国行政管理》第 1 期，第 34~38 页。

国家卫生健康委员会，2018，《中国流动人口发展报告 2018》，中国人口出版社。

国家统计局，2019，《2018 年国民经济和社会发展统计公报》，http://www.stats.gov.cn/tjsj/zxfb/201902/t20190228_1651265.html。

海闻、于菲、梁中华，2014，《农民工随迁子女教育政策分析——基于对北京市的调研》，《教育学术月刊》第 8 期，第 53~58 页。

韩嘉玲，2017，《相同的政策，不同的实践——北京、上海和广州流动儿童义务教育政策的比较研究（1996~2013）》，《北京工业大学学报》（社会科学版）第 1 期，第 17~30 页。

韩嘉玲、高勇、张妍、韩承明，2014，《城乡的延伸——不同儿童群体城乡的再生产》，《青年研究》第 1 期，第 40~52 页。

韩月，2015，《教育政策排斥及其规避：以随迁子女教育政策为例》，《教育发展研究》第 Z2 期，第 64~69 页。

贺东航、孔繁斌，2019，《中国公共政策执行中的政治势能——基于近 20 年农村林改政策的分析》，《中国社会科学》第 4 期，第 4~25 页。

胡伟、杨安华，2009，《西方国家公共服务转向的最新进展与趋势——基于美国地方政府民营化发展的纵向考察》，《政治学研究》第 3 期，第 105~113 页。

黄晓春，2015，《当代中国社会组织的制度环境与发展》，《中国社会科学》第 9 期，第 146~164 页。

黄晓春、嵇欣，2014，《非协同治理与策略性应对——社会组织自主性研究的一个理论框架》，《社会学研究》第 6 期，第 98~123 页。

句华，2017，《政府购买服务相关术语的混用现象及其辨析》，《中国行政管理》第 1 期，第 67~71 页。

教育部，2019，《2018 年全国教育事业发展统计公报》，http://www.moe.gov.cn/jyb_sjzl/sjzl_fztjgb/201907/t20190724_392041.html。

雷万鹏、汪传艳，2012，《农民工随迁子女"入学门槛"的合理性研究》，《教育发展研究》第 24 期，第 7~13 页。

雷有光，2004，《都市"小村民"眼中的大世界——城市流动人口子女社会认知的调查研究》，《教育科学研究》第 6 期，第 27~31 页。

李金龙、余鸿达，2010，《区域公共服务中的政府部门主义问题研究》，《中国行政管理》第 5 期，第 53~57 页。

李友梅、肖瑛、黄晓春，2012，《当代中国社会建设的公共性困境及其超越》，《中国社会科学》第 4 期，第 125~139 页。

练宏，2016，《注意力竞争——基于参与观察与多案例的组织学分析》，《社会学研究》第 4 期，第 1~26 页。

刘世定，2011，《经济社会学》，北京大学出版社。

刘世定，2017，《社会企业与牟利企业：来自经济社会学的理论思考》，载徐家良主编《中国第三部门研究》第 13 卷，社会科学文献出版社，第 3~19 页。

刘小霞，2012，《社会企业研究述评》，《华东理工大学学报》（社会科学版）第 3 期，第 9~22 页。

刘玉照，2015，《"流动难题"如何破解》，《文汇报》6 月 10 日。

刘玉照、王元腾，2017，《上海市流动儿童教育状况分析（2013~2016）》，载杨东平主编《中国流动儿童教育发展报告（2016）》，社会科学文献出版社。

陆奇斌、张强，2016，《社会组织稳态联盟的形成机制研究》，《中国行政管理》第 12 期，第 36~42 页。

那威，2014，《社会企业的一种模式：以温江芙蓉劳务服务有限责任公司为例》，硕士学位论文，北京大学。

萨拉蒙·M. 莱斯特，2008，《公共服务中的伙伴：现代福利国家中政府与非营利组织的关系》，田凯译，商务印书馆。

佘宇、冯文猛，2018，《破解特大城市流动儿童义务教育困境的建议》，《社会治理》第 5 期，第 32~37 页。

沈原，2007，《社会的生产》，《社会》第 2 期，第 170~191 页。

石长慧，2013，《融入取向与社会定位的紧张——对北京市流动少年社会融合的研究》,《社会学评论》第 5 期, 第 70~80 页。

唐文玉, 2010,《行政吸纳服务——中国大陆国家与社会关系的一种新诠释》,《公共管理学报》第 1 期, 13~19 页。

汪卫平, 2017,《城市外来随迁子女接受义务教育准入条件的演变 (1978~2016)》,《上海教育科研》第 4 期, 第 74~79 页。

王春福, 2007,《公共产品多元治理模式的制度创新》,《管理世界》第 3 期, 第 160~161 页。

王名、贾西津, 2002,《中国 NGO 的发展分析》,《管理世界》第 8 期, 第 30~43 页。

王名、孙伟林, 2010,《我国社会组织发展的趋势和特点》, 载王名主编《中国非营利评论》(第 5 卷), 社会科学文献出版社, 第 1~23 页。

王名、朱晓红, 2010,《社会企业论纲》, 载王名主编《中国非营利评论》(第 6 卷), 社会科学文献出版社, 第 1~31 页。

王诗宗、宋程成, 2013,《独立抑或自主: 中国社会组织特征问题重思》,《中国社会科学》第 5 期, 第 50~66 页。

谢静, 2012,《公益传播中的共意动员与联盟建构——民间组织的合作领域生产》,《开放时代》第 12 期, 第 114~128 页。

徐晓新、张秀兰, 2016,《将家庭视角纳入公共政策——基于流动儿童义务教育政策演进的分析》,《中国社会科学》第 6 期, 第 151~169 页。

严俊、孟扬, 2018,《道德化市场中的社会组织: 市场区隔与"价值 - 利益"双目标行为》, 载徐家良主编《中国第三部门研究》(第 16 卷), 社会科学文献出版社, 第 125~150 页。

严振书, 2010,《现阶段中国社会组织发展面临的机遇、挑战及促进思路》,《北京社会科学》第 1 期, 第 12~17 页。

杨爱平, 2011,《从垂直激励到平行激励: 地方政府合作的利益激励机制创新》,《学术研究》第 5 期, 第 47~53 页。

杨爱平、陈瑞莲, 2004,《从"行政区行政"到"区域公共管理"——政府治理形态嬗变的一种比较分析》,《江西社会科学》第 11 期, 第 23~31 页。

杨家宁, 2009,《社会企业研究述评——基于概念的分类》,《广东行政学院学报》第 3 期，第 78~81 页。

杨明，2015，《属地化管理体制下进城务工人员随迁子女义务教育公共资源配置探析》，《浙江大学学报》（人文社会科学版）第 6 期，第 153~163 页。

姚华，2013，《NGO 与政府合作中的自主性何以可能？——以上海 YMCA 为个案》，《社会学研究》第 1 期，第 21~42 页。

张紧跟、庄文嘉，2008，《非正式政治：一个草根 NGO 的行动策略——以广州业主委员会联谊会筹备委员会为例》，《社会学研究》第 2 期，第 133~150 页。

赵秀梅，2004，《中国 NGO 对政府的策略：一个初步考察》，《开放时代》第 6 期，第 5~23 页。

周建明，2014，《高流动社会与属地化管理体制下的公共产品供给》，《学术月刊》第 2 期，第 86~92 页。

周黎安，2014，《行政发包制》，《社会》第 6 期，第 1~38 页。

周黎安，2007，《中国地方官员的晋升锦标赛模式研究》，《经济研究》第 7 期，第 36~50 页。

周黎安，2008，《转型中的地方政府：官员激励与治理》，格致出版社。

朱健刚、赖伟军，2014，《"不完全合作"：NGO 联合行动策略——以"5·12"汶川地震 NGO 联合救灾为例》，《社会》第 4 期，第 187~209 页。

Kang, X. and Han, H. 2007. "Administrative Absorption of Society: A Further Probe into the State-Society Relationship in Chinese Mainland," *Social Sciences in China* (8): 116-128.

Li, Hongbin and Li-An Zhou. 2005. "Political Turnover and Economic Performance: The Incentive Role of Personnel Control in China," *Journal of Public Economics* 89 (9-10): 1743-1762.

Liu, Jing. 2012. "Light and Shadow of Public Education for Migrant Children in Urban China," *Advances in Education in Diverse Communities: Research, Policy and Praxis* 8: 79-115.

Lockwood, B. 2002, "Distributive Politics and the Costs of Centralization," *Review of Economic Studies* 69 (2): 313-37.

Lu, Wang. 2008, "The Marginality of Migrant Children in the Urban Chinese Educational System," *British Journal of Sociology of Education* 29 (6): 691 – 703.

Qian, H. and Walker, A. 2015. "The Education of Migrant Children in Shanghai: The Battle for Equity," *International Journal of Educational Development* 44: 74 – 81.

Salamon, L. M. 1987. "Of Market Failure, Voluntary Failure, and Third-Party Government: Toward a Theory of Government-Nonprofit Relations in the Modern Welfare State," *Nonprofit & Voluntary Sector Quarterly* 16 (1 – 2): 29 – 49.

Yuan, S., Noblit, G. W., and Rong, X. L. 2017. "The Education Issues of the Children of Internal Migrant Workers in China," in W. T. Pink, G. W. Noblit (eds.), *Second International Handbook of Urban Education*. Springer, Cham, pp. 113 – 132.

Zhang, Huafeng. 2017. "Opportunity or New Poverty Trap: Rural-urban Education Disparity and Internal Migration in China," *China Economic Review* 44: 112 – 124.

强政府、强社会：新加坡社会组织参与社会治理的经验与启示[*]

马玉丽 李坤轩[**]

摘 要： 社会组织在社会治理中具有凝聚社会、弥合冲突、维系关系等作用。尽管我国社会组织的特征、任务、使命与新加坡有所区别，但二者之间在某些事项上仍存在较大的相似性与共通性。党的十九届四中全会提出"推动国家治理体系和治理能力现代化水平明显提高"，在此背景下，适当借鉴其他国家先进的社会治理经验，可以提高我国治理的现代化水平。通过考察新加坡社会组织在社会治理中的发展与实践，可以发现新加坡社会治理中鲜明的"强政府、强社会"特征。这对于完善我国社会组织参与社会治理路径具有较强

---

[*] 基金项目：2020 年中共山东省委党校（山东行政学院）创新工程后期资助项目"社会组织参与社会治理的域外经验"（项目编号：2020hzz006）。

[**] 马玉丽，中共山东省委党校（山东行政学院）政法部副教授，硕士研究生导师，山东大学法学博士，主要从事社会治理、行政法学等方面的研究，E-mail：maggiema88@163.com；李坤轩，中共山东省委党校（山东行政学院）政法部教授，山东省委法律专家库成员、山东省政府法律专家库成员，硕士研究生导师，主要从事行政法学、社会治理法治化等方面的研究，E-mail：kunxuanli@163.com。

的感召与启示，有利于我国在新时期更充分地发挥社会组织的功能，从而进一步构建符合我国国情的社会组织参与社会治理的运行机制和社会组织体系。

关键词：社会组织　社会治理　多元互动　强政府　强社会

一　前言

完善党的十九届四中全会提出的社会治理体系和格局，需要从基层社会寻找着力点。随着国家治理体系和治理能力现代化的推进，社会组织的作用日益受到关注，但实践中社会组织的作用仍未得到充分关注和发挥。因此，在根据自身国情条件坚持走社会治理现代化的"中国道路"基础上，适当借鉴其他国家先进的社会组织发展经验，一定程度上有助于厘清我国社会组织在推进社会治理现代化过程中的目标困惑，从而设计出更为清晰的政策与路径。

新加坡与我国在社会价值、文化传统、历史背景、社会转型阶段等方面具有相似之处，而且新加坡自1965年立国以来，保持了强有力的"一党长期执政"。经过几十年的发展，新加坡的社会治理迈向了现代化，引起世界的关注。2019年第74届联合国大会期间，联合国人居署发布了《全球城市竞争力报告2018~2019》，新加坡经济竞争力指数排名第二，可持续竞争力排名第四，这充分体现了新加坡社会治理的成效，而新加坡社会治理的成效离不开其社会组织的建设与培育。新加坡处于多元化社会，政府对社会组织的发展极为重视，给予了大力扶持和帮助。作为现代化大都市，新加坡社会治理呈高度精细化，其法治化水平也较高，社会组织享有较高的认可度和信赖度，已成为维持社会稳定、完善公共服务、培育公民自治的重要力量。这对我国社会组织参与社会治理具有一定的借鉴意义。

总体而言，新加坡在现代化社会治理推进过程中，逐渐树立起了强大的公共权威。尽管是强势政府，但新加坡的治理理念却是在国家稳定、精英治国、民众需求之间达成了一个平衡，既强调政府的主导地位，又允许社会组织壮大，从而呈现鲜明的"强政府、强社会"特征。

二 多元共治：社会组织参与社会治理的逻辑起点

（一）新公共治理理论的兴起

"治理"（governance）最早起源于希腊语（kybernan）与拉丁语（gubernare），原意主要指控制、指导或操纵（杰索普，1999）。20世纪后半期以来，新科技革命出现，社会利益出现分化，多元利益格局浮现。为应对日益复杂严峻的社会经济困境，政府开始转移目光，于市场之外探索新的解决渠道。作为与传统的"统治"（government）概念相对应的概念范畴，"治理"理念由此被广泛应用到政治、经济以及社会等诸多领域（陶希东，2017：2）。

20世纪90年代，联合国全球治理委员会将治理的特征集中概括为过程、调和、公私部门合作等（斯莫茨，1999）。"如果说19世纪至20世纪之交的改革家们倡导建立最大限度的中央控制和高效率的组织结构的话，那么21世纪的改革家们则将今天的创新视为一个创建以公民为中心的治理结构（citizen-centered governance structure）的复兴实验过程。"（博克斯，2005：10）新公共治理是目前国内外最新、最契合社会治理现代化的理论视角。这一概念由英国爱丁堡大学教授史蒂芬·奥斯本（Stephen P. Osborne）在2006年首先提出。在其著作《新公共治理？》一书中，奥斯本认为新公共治理抓住了21世纪国家在主体多元和形势复杂背景下进行公共政策执行和公共服务提供的现实需求（Osborne，2009）。在新公共治理理论下，合作乃最重要的机制，其价值基础是"多元、分散和相互竞争的价值的共存"（Stoker，1998）。毫无疑问,多元价值的共存更有利于促进公共价值的生成。按照新公共治理理论,政府的角色不再是"划桨",也不仅仅是"掌舵",而是更加关注服务以及组织之间的关系,因此对新时期服务型政府的构建以及政府在治理现代化中的角色定位,具有重要的引导意义。新公共治理理论为新时期社会组织参与社会治理提供了新的理论背书。

(二) 治理框架下的社会组织

社会组织的内涵较为复杂,不同语境下对其理解与界定也存在差异。从国外的研究与实践中归纳,社会组织通常指的是独立于市场和政府的所有志愿服务团体、社会中介组织和民间协会的集合,它与政府、市场共同构成了现代社会的三大支柱(夏国永,2012)。国际社会对社会组织的称谓有非政府组织(NGO)、非营利组织(NPO)、志愿部门(volunteer sector)、第三部门(third sector)、公民社会组织(civil society organizations)等,从名称上也可以看出社会组织的特征,即非政府性、非营利性、志愿性、组织性、公益性等。

按照治理理论,社会组织是治理体系中的重要组成部分(何增科,2000:243~252)。随着我国社会组织的不断发展、壮大与完善,其业务范围逐渐拓展,目前已涉及教育、科技、体育等各个领域,逐渐发展为社会进步的重要支柱以及国家治理体系新的增长极,与政府、企业共同承担富强、民主、文明、和谐社会构建的任务。

三 新加坡社会组织在社会治理中的特点与功能

新加坡的社会治理具有鲜明的特色,总体而言,呈现多元参与下的互利共赢特性,尤其是在城市社区治理方面,在"政府主导,强化组织;统一指导,民主自治;以人为本,社会参与"的理念下(马占亚,2015),政府与社会组织之间形成了良性互动关系。

(一) 新加坡社会组织概述

与我国类似,新加坡也有官方社会组织和民办社会组织。官方社会组织主要依赖政府的扶植培育,被纳入政府的整体管理框架,承担政府的部分职能,事实上成为政府的延伸。新加坡官方社会组织的独立性与自主性不足,它们的活动范围处于政府的严格监管之下,实际由人民行动党掌控,因此担负着较多的政治功能。

民办社会组织也是依照法律设立的,服务民众并由民众自行管理。在新加坡,民办社会组织被称为非牟利机构,主要是各种志愿性组织,由公民自由组织,涉及的服务领域较为广泛,既有普遍性的社会服务,又有特殊群体所需的帮扶救济服务等,但民办社会组织较少参与政治活动。新加坡的民办社会组织在英国殖民统治时期曾有过一段兴盛时期。19世纪初期,新加坡就成立了很多宗乡团体等民办自助组织,后逐渐发展成各种同乡会、商会、慈善组织、工会团体、学生社团等。但这一时期的民办社会组织主要是根据地理位置、种族、方言等成立的,由于缺乏政治领导,自身又欠缺系统的管理及职能界定,彼此之间难以凝聚共识,因此曾一度加剧了新加坡社会的分裂局面。一直到人民行动党执政后,其采取了很多有力措施,对民办社会组织进行了一定程度的吸纳,新加坡社会各自为政的局面才得以改善。而民办社会组织也在崭新的国家与社会合作机制之下,在20世纪80年代中期发展起来。进入21世纪,新加坡民办社会组织获得了蓬勃发展,随着新加坡政府简化注册手续,文化、体育和社交类社会组织增长较快。民办社会组织参与社会治理的内容广泛,目前已注册有六千多个社会组织,涉及的领域十分广泛,包括体育、环保、宗教、妇女权益保护、文化、经贸等领域。

由于新加坡社会组织发展的一个鲜明特点即政府通过一系列措施

增强国家认同感，成立全国性组织——人民协会①（People's Association），对民办社会组织进行一定程度的吸纳，从而搭建了国家与社会关系发展的连接桥梁，为在新加坡权威政府之下培育出蓬勃发展的"强社会"奠定了基础，因此，新加坡官方社会组织的实践及贡献较易受到关注。尽管如此，新加坡民办社会组织的实践及经验仍值得关注。正是由于新加坡在稳定的国家管理制度建立之后，逐渐将目光转向社会，大力扶持民办社会组织，才使国家与社会达成了高度共识，从而实现了新加坡"强政府、强社会"的现代化社会治理格局。

（二）新加坡社会组织的功能

社会组织对于新加坡强大的公共权威的形成具有重要的促进作用，其发展"改变了人们的生活方式，构建了充满活力的邻里家园"（Katarzyna，2015）。

第一，解释政策、增加认同。新加坡基层社会组织的重要功能之一就是解释政府政策，听取居民意见，协调各类社会关系。例如新加坡人民协会，其最重要的行动目标即促进种族和谐，增进社会认同。为了加强不同种族居民间的相互了解，增加彼此认同感，人民协会与政府一道，将不同种族的居民按人口比例混居。人民协会定期出版一些书籍、杂志等，使民众文化生活更加丰富多彩。人民协会倡导双向沟通，一方面，向民众解释政府政策的制定依据、对民众利益的影响，从而有利于增加民众对政府决策的理解与支持；另一方面，及时搜集、反馈民众对政府制定政策的态度、建议等，为政府制定符合社会实际需要的决策提供参考，满足了公众参与公共事务的需求，增强了双方的互动与互信，从而有利于帮助政府，使其政策更加充分地贯彻执行并开展有关活动，辅助政府决策执行。人民协会的产生，意味着民众可以认同一个半自

---

① 人民协会的产生源于20世纪五六十年代新加坡国内政治斗争的需要，当时民众对国内政治普遍不关心，对政党和政府活动敬而远之。1994年，人民协会被授予接管所有基层社会组织的任务，经过几十年的运行，人民协会已被塑造成新加坡各社会基层组织的总指挥部。

性、半政府性的法定机构（吕元礼，2007：87）。人民协会在新加坡设立了发达的社会管理组织，深入到新加坡每一个细微的角落。

第二，汇集民意，联系民众。社会组织经常召开对话会、座谈会，集中讨论各种问题，小到组屋翻新、邻里纠纷，大到争议冲突、国家施政方针等，通过对话了解民众的意见和建议、增强与民众之间的联系与沟通。例如，新加坡政府于1971年颁布禁止燃放烟花爆竹的条例，这引起了很多民众的反感和抵制，民众认为禁放烟花爆竹违反了华人社会的风俗传统，而且条例的颁布会造成部分民众失业。针对这一情形，新加坡社会组织积极开展工作，向民众进行了广泛的宣传和解释，并将民众的意见建议及时进行反馈，最终妥善解决了相关遗留问题，密切了民众与政府的关系（董正华，2010：339）。

第三，动员民众、维护稳定。20世纪五六十年代的新加坡犹如惊涛骇浪中的一叶小舟，面临的最大问题就是维护国内的和平与稳定（李志东，2014：85）。新加坡社会组织在维护社会稳定方面发挥了重要作用，甚至从某种意义上说，社会组织的拥护是新加坡的立国之本。如在2003年抗击非典中，人民协会发挥了动员民众、凝聚社会的功能，在两天之内联络了两千多名全国各地的可能受感染的民众，组织志愿者向一百多万户居民派发预防用品（吕元礼、陈家喜等，2014：220）。很多民办社会组织如同乡会、商会、工会团体等也组织募捐，向受到疫情影响的民众提供帮助，既激发了民众的积极性，又促进了社会的稳定运转。由此可见，社会组织已成为新加坡社会稳定的一大因素。

四 新加坡社会组织参与社会治理的经验

（一）强政府：政府主导有利于加强国家和政党与基层社会的联系

考察新加坡社会组织的生成机制，可以看出，其具有典型的政府主导性特征，新加坡国家和政党在社会组织的生成过程中发挥了主导作用。

1. 新加坡政府对社会组织的管理：强制注册与严格监管

新加坡历来以权威政府著称，在传统政府的严格管理之下，社会组织的发展曾受到一定程度的限制，其社会组织尤其是民办社会组织的起步相对较晚。新加坡实行普遍注册制度，不同社会组织依据其自身类型选择所依据的法律。其中，《社团法令与条令》(Societies Act and Regulations) 是最重要的社团注册的法律依据，于 1967 年 1 月颁布，之后历经多次修改。

新加坡社会组织注册的形式相对灵活，可以注册的形式有信托、慈善基金会、非营利性公司、社团等。社团注册方式分两种：一种是简易的自动注册方式；① 另一种是普通程序注册方式，主要为宗教、政治、人权等社团所采用。新加坡内务部下属的法定机构——社团注册局 (Registry of Societies)② 负责对社团进行注册。尽管新加坡政府实行强制注册制度，但实际上审核的要求较为宽松、适度，如无特殊情形，一般的注册申请都会得到批准。

新加坡政府对社团的监管有着严格的规范。例如，对学生社团组织，政府的监管也是非常严格的。即使是学校内学生组织的社团，也必须进行注册登记。在监管机构的设置上，不同的社会组织也不尽相同。就社团而言，注册社团要遵守新加坡的一切法律和法令。政府会派专人进行定期检查，还可随时要求社团提供其活动章程，社团设立分支机构、财政开支等也需要向政府或有关部门备案。对于资产超过 50 万新币的财务报告，还应经过独立审计事务所的审计，从而达到最佳的监管效果。此外，社团注册局还会通过多种途径如媒体报道、群众举报等关注社团违法行为情况，对掌握的违法行为会协同警察、反贪机构等予以

---

① 2004 年，新加坡对社团法令进行了修改，简化注册手续，从当年 9 月 1 日起实施社团自动注册，对部分较低可能引起法律、治安与保安问题的社团进行快捷注册，可以在提交相关资料和缴纳注册费用后即刻注册。

② 社团注册局的主要职责为：执行社团法令和条令、防止不良团体成立为社团、注销不良的注册社团、支援执法机构。

查处，并且针对不同的情形，会发出警告信或解散社团。

2. 成立人民协会作为全国性协调与统筹的半官方组织

20世纪50年代，环境污染问题成为新加坡面临的重要挑战，当时的殖民地政府拆除简陋屋区，重建社区，向居民下达了驱逐令，结果导致政府与社会关系出现恶化。之后，新加坡政府将强化国家认同作为首要目标和任务，成立人民协会作为法定机构，将诸多民间社会组织予以吸纳，将其打造成与民众进行交流的半官方组织。

在人民协会下属的基层组织网络中，有重要的三个基层社会组织——民众联络所、公民咨询委员会、居民委员会。民众联络所覆盖范围广泛，影响力大，其职责主要是促进社区民众各项活动的开展，在政府与民众之间起到"上传下达"的作用。公民咨询委员会以选区为单位设立，主要职责是服务选举，日常活动多以宣传人民行动党及国家的政策方针为主。此外，公民咨询委员会也参与部分社会管理，例如进行社区基金募集等。居民委员会的主要职责是组织民众积极开展社区活动、宣传政府信息、维护社会治安等。从职责来看，这三大机构存在一定的交叉与重合，因此三者并不是彼此独立，而是密切联系、相互合作的。从某种意义上讲，官方社会组织可以看成国家机构或执政党的机构在市民社会的延伸，强化了政府的管理职能，为强政府的建立奠定了坚实的基础，也使国家得以成为一个共同利益的守护者和一个从国家利益出发的"最高仲裁或调解员"。

3. 发挥人民行动党基层党组织的功能：密切与社会组织联系的制度化举措

新加坡社会组织在其社会治理中取得的卓越成就，离不开人民行动党的重视和支持。人民行动党自1959年执政后，就将密切联系社会组织作为重要工作。例如，对于民众联络所，政府注重培训工作人员，并不断进行扩建，将其打造成为联系基层社会、服务基层社会的重要机构。对于公民咨询委员会，人民行动党先是设立了临时咨询委员会，从而缓和了不同种族之间的矛盾与分歧，之后才将其改为公民咨询委员会，并由总理公署管辖，使其成为新加坡重要的基层社会组织。

发挥基层党组织的功能，是新加坡人民行动党联系群众重要的制度化举措。例如，国会议员通常会兼任其所在选区的党支部主席，每周都会在社区里接待群众。基层党组织会及时搜集民意，与社会组织一起共同解决社区治理中的问题，在发挥其服务社会职能的同时，也成为新加坡政府和人民行动党联系社会的桥梁、政令宣传的窗口和培养政治精英的基地，使人民行动党更加贴近基层群众，并有效实现了"让人民联系人民、让人民联系政府"，从而聚合起强大的社会力量，成为新加坡社会治理的重要支撑。

（二）强社会：调动社会力量，促进社会组织参与社会治理

所谓强社会，简单而言是指社会力量强大，自主性较强、地位较高和能力较强，能够与政府在制度框架内展开对话与合作，社会整体参与程度较高，各种社会力量能够在政治领域开展力所能及的活动。事实上，新加坡强政府的治理体制一定程度上弱化了社会组织作用的发挥，因此，新加坡一度呈现"强政府、弱社会"的社会治理模式，但新加坡政府并未停留于这一格局不前，而是随着其政局日益稳定，经济逐渐繁荣后，开始着手建立"强社会"，打造具有共同命运感与价值观的社会。新加坡政府主导了新加坡基层社会组织生成的过程，在致力于维持威权政治体制的同时，通过扶植社会组织，发展出与政府密切联系的"强社会"。

1. 合作共治：单一走向多元的参与机制

新加坡政府在几十年的实践中积累了丰富的治理经验，也取得了明显的成就，在坚持"强政府"的原则下，政府也在努力改善与市场和社会组织的伙伴关系，吸收多种力量参与新加坡政府的社会治理。随着国际民主政治理念的不断发展，政府对社会组织的态度也日益宽容。从20世纪80年代开始，新加坡社会组织迎来了发展的繁荣时期，尤其是民办社会组织得以迅速发展起来，当时政府对公共行政领域采取了一系

列改革措施。例如，1995年开始的"面向21世纪的公共服务"①运动，其宗旨在于增强服务意识，提高服务水平，以高质量、精益求精的卓越服务来满足公众更高的公共需求。这项运动改革力度较大，对当今新加坡政府治理的影响也最为深远。

新加坡政府重视与企业、社会三方之间的合作，注重社会活力的激发与社会自我运转的能力与水平的提高。例如，在建国初期，新加坡政府就与雇主、"全国工商联会"一起签署了《工业发展与生产力行为守则约章》，确立了政府、企业、社会的"三方合作"劳动市场基本原则。在新加坡迈向国家治理现代化进程中，逐渐由单一的参与机制走向多元化的参与机制，充分调动了社会各方面的活力和积极性。例如，在城市社区治理中，政府尤为关注社区的自我治理水平。经过几十年的发展，新加坡的社区治理模式取得了较好成效，社区成为传达民众意愿和诉求的重要平台和渠道。在社会治理方面，新加坡的"强政府"逐渐实现了以行政主导为前提向社会中介组织的权力让渡。例如，在社会资源分配领域，政府并不直接参与分配，而是发挥其制定政策、守护社会公平正义的导向与制衡作用，鼓励社会组织充分发挥作用。

2. 政府的服务与支持：助力社会组织参与社会治理

新加坡政府强调政府主导下的多元参与，而非对一切事物大包大揽。例如，在部分公共服务的提供上，政府改变了传统的管控思维，逐渐树立"以民为本、服务为先"的治理理念，政府不再直接提供服务，而是交由社区组织或民办社会组织提供，政府对其服务进行监督，促使其注重服务质量。

新加坡政府重视对社会组织的扶持与帮助。政府资金和社会赞助是新加坡社会组织的两大资金来源。以城市社区建设为例，政府与志愿福利机构、基层组织共同合作，建立起多方援助社会保障制度，帮助社

---

① 公共服务的主要职能包括以下几方面：第一，协助政府领导人制定政策；第二，执行政策，行使政府的组织、计划、指挥、协调、监管的管理职能；第三，为社会提供服务。

会组织从私营部门和大众方面筹措资金（李平、安喆，2015），这一方面有利于缓解政府社会治理的压力，另一方面在提高政府行政效率的同时也促进了社会的和谐稳定。同时，政府也会向社会组织直接提供经费支持。例如，对于慈善组织，政府通过国家福利理事会对其拨付行政费用，拨款数额占据了慈善组织行政费用的一半。新加坡政府还设立了"社会融合基金"（Community Integration Fund），为社区活动和各族节日庆祝活动提供帮助，促进多元文化交流。

3. 倡导社会共同价值观、构建社会认同感：国家与社会高度共识的达成

20世纪70年代，受到部分西方价值观的冲击，新加坡面临一系列的社会危机与精神危机。少数社会组织由于缺乏系统的管理与引导，难以凝聚共识，对社会治理产生了一定的负面影响。针对新加坡社会组织众多且发展程度不一的现状，新加坡政府在致力于培育多元社会治理主体、壮大社会组织力量的同时，也积极倡导社会共同价值观，努力构建社会认同感。1991年1月，新加坡政府正式发布了《共同价值观白皮书》，提出了新加坡的共同价值观。[①] 此后定期开展有关国家政策与共同价值观的大讨论，帮助人们了解共同价值观的基本精神，增强全社会的价值共识。新加坡社会组织，尤其是部分民办社会组织，通过共同价值观的普及与宣传，深化了民众对全社会共同价值的认识，增强了民众的社会责任感与使命感。社会组织彼此之间也凝聚了共识，共同投身于新加坡社会治理进程，并且发展为践行新加坡共同价值观的重要力量。社会共同价值观对于新加坡更好地认识多元治理主体、鼓励社会组织参与社会治理、激发民众的志愿精神、慈善精神等起到了积极作用，为培育新加坡社会治理的"强社会"格局起到了促进作用。

---

① 新加坡的共同价值观包括五个方面，共五句话40个字："国家至上，社会为先；家庭为根，社会为本；社会关怀，尊重个人；协商共识，避免冲突；种族和谐，宗教宽容。"

4. 民间社会组织参政能力的提升：与政府在制度框架内的对话与合作

前已述及，新加坡的民办社会组织曾经较少参与政治。但随着新加坡社会治理水平的不断提高，民间社会组织的参政议政积极性和能力也在不断提高。例如，自20世纪50年代末出现的由地方领袖组织成立的居民协会，就是民办社会组织参政议政的代表，这些协会向市镇政府申请注册，最初的目的是为居民提供力所能及的公共服务，同时组织一些社交活动，丰富当地居民的娱乐生活。同时，协会经常向市政府议员反映民众的诉求，在民众与政府间搭建了沟通的桥梁。不仅如此，随着协会成员素质的提高，部分居民协会的功能突破了传统的社交、社区娱乐、文体设施等范围，逐渐参与国家议题，为地方与国家的发展建言献策。又如，新加坡的社区治理更是民办社会组织实现和政府博弈与对话的典型，新加坡的社区网络基本上全部由志愿者进行管理。社区治理责任逐渐加重，使志愿服务组织的社会自主性也在逐步增强。目前，新加坡的义工群体接近20万人，其所在的基层组织有力地分担了政府的职责，从而成为新加坡社会治理中不可或缺的社会力量。

5. 社会组织自主性的提高：官方社会组织回归"业务本位"与政府的渐次放权

新加坡政府致力于促使国家与社会达成高度的共识与合作，积极培育自主性强的社会力量。新加坡政府逐渐意识到社会治理是一个逐渐还权于社会的过程。这一治理策略的转变，使新加坡社会组织变得日益坚韧并富有创造性、自主性。同时，新加坡的官方社会组织也产生了一些变化，部分官方社会组织出现了回归业务本位的现象。例如，成立于1951年的新加坡职工总会，曾将20多家工会吸纳旗下，是人民行动党取得政权的重要依托，在新加坡具有非常重要的政治地位。近年来，新加坡职工总会逐渐弱化其政治功能，将功能更多地定位于维护工人利益、表达工人诉求。这种功能定位的转变，增强了其自主性，回归到其维护和谐劳资关系的本位。部分官方社会组织功能的回归，有利于提高新加坡整体社会组织的力量，其与民间社会组织一道，共同成为新加坡社会治理"强社会"格局的中坚力量。

五　新加坡社会组织参与社会治理的启示

政府与社会、国家与公众之间的关系直接影响着社会治理现代化的程度及水平。新加坡政府在社会治理中占据主导地位，具有极强的动员能力和凝聚力，将政府自身的意志、施政目标转化为现实的政策，体现了"强政府"在社会治理中的优势；同时，新加坡社会组织经过自身的发展与政府的扶持，逐渐增强了自主性，提高了专业化水平，从而能够聚合起社会力量，以成熟、运转有力的姿态参与社会治理，并在这一过程中实现了与政府的良性互动，实现了"强社会"之于社会治理现代化的目标价值。对于新加坡社会组织参与社会治理的经验，我们应本着取其精华的态度，结合我国国情，在我国的语境环境下进行有针对性的分析与借鉴。新加坡政府自立国至20世纪80年代，呈现的是"强政府、弱社会"的社会格局，之后通过大力扶持民办社会组织，通过还权于社会以及官方社会组织功能的逐渐回归，逐渐形成了今天"强政府、强社会"的现代化社会治理道路。这一发展路径与我国社会治理的发展现状具有很强的相似性和共通性。

（一）加强基层社会组织党建工作，制度化地密切党与社会组织的联系

新加坡政府对社会组织的支持是其生成、发展的重要推动力。新加坡人民行动党十分注重基层社会组织在联系群众、维护社会稳定等方面的功能价值，并将基层社会组织发展成为巩固执政党在基层的合法性与权威性的重要力量。与新加坡不同，我国目前对社会组织的扶持主要集中于政策支持和资金扶持，对于加强党和政府与基层社会组织的

联系方面关注不足，导致党的基层组织对基层社会组织的覆盖不够全面，不利于社会治理重心的下移和共建共治共享社会治理格局的打造。

分析党在社会治理体系中的地位及功能，就会涉及党与社会关系这一命题。一般而言，"政党的现代性决定于政党的社会性程度"（王韶兴，2011：497）。中国共产党成为执政党的特殊历史过程以及在中国社会管理体制中的地位，体现了党的政治优势和制度优势。具体来说，各级党委要发挥领导作用，就要更好地服务于社会、引领社会、组织社会、管理社会，加强社会组织党建工作，引导社会组织更好地为群众谋利益（王振海等，2015：82）。"社会组织是党的工作和群众工作的重要阵地，是党的基层组织建设的重要领域。"（姚秀霞，2018）加强党的领导是社会组织发展的必然选择。尤其对于新兴社会组织而言，如果缺少党组织的领导以及党建工作的开展，就很有可能出现管理松懈或者解体的危险。开展党建工作既有利于增强执政基础，也有利于保证社会组织的发展壮大（斯钦，2017）。

（二）树立多元共治理念，理顺政府、社会组织在社会治理中的功能与角色

众所周知，新加坡是典型的多元化社会，协调不同群体的利益和诉求是其面临的重大课题。新加坡活跃于民间的社会组织以及官方组织将不同群体的利益和诉求进行集中表达，通过与政府沟通从而使政府及时对民众的诉求予以回应，这就有利于消除社会矛盾、弥合政府与民众因为沟通不畅带来的分歧，这对我国社会治理具有启发意义。

社会组织作为社会力量的主体之一，拥有广泛的社会资源。因此当社会矛盾突发，出现社会危机时，社会组织可以发挥其代表民众利益表达的作用，担负起政府与民众沟通的桥梁职能，运用自身的优势，及时化解不同利益主体间的纷争和矛盾，起到润滑剂的作用。新加坡自20世纪80年代以来，在社会治理中充分尊重社会组织尤其是民办社会组织的发展，满足了不同阶级的利益需要，社会组织在政府与民众之间架起了沟通和联系的桥梁，一定程度上避免了社会矛盾，维护了社会秩序的稳定。

从当前来看，我国社会治理既不能完全依靠政府的强制性管理，也不能完全依靠社会组织的自治性力量，而应该形成多元主体共同治理的模式。"不论是公共部门还是私人部门，没有一个个体行动者能够拥有解决综合、动态、多样化问题所需的那部分知识与信息，也没有一个个体行动者有足够的知识与能力去应用所有的工具。"（彼得斯，2001：68）目前，我国政府与社会组织之间的关系仍需进一步理顺。一方面，长期以来，大量社会事务由政府承担，政府过于注重自身的作用，对社会组织的功能关注不够。另一方面，社会组织独立性不足，对政府过于依赖。这既影响了社会组织的公信力和代表性，也导致社会组织的独立性和创新性不足，不利于其参与社会治理。

现代政治学认为，一个成熟的社会，是政府、企业和社会组织三种力量基本均衡的社会（廖鸿、石国亮，2011）。实现不同组织间的功能耦合，从而实现社会治理的有效性和公共服务供给的全面优化。在这一过程中，政府应发挥好监督、服务的作用，帮助社会组织克服其自身存在的短板。从长远来看，政府、市场与社会组织应各司其职，同时保持良性互动。

（三）加强社会组织文化建设，发挥社会主义核心价值观的引领作用

以履行社会责任、促进社会和谐稳定的核心价值引领社会组织的发展，实现其与政府、企业间的良性互动，是新加坡社会组织发挥作用的独特优势。传统慈善公益文化的精华，造就了新加坡社会组织的多元并存与合作共赢，使其成为推动社会治理的有力主体。同时，新加坡具有完善的义工服务体系，这些义工不但为新加坡民众提供了更好、更高效的公共服务，而且培养了新加坡民众的社会责任感和公民意识（王其源、孙莉莉，2019）。因此，我国在推进社会组织有序健康发展的过程中，也应注重汲取传统慈善文化的精神内核，为社会组织的发展提供强大的精神动力，例如，积极挖掘、传承儒家仁爱文化等。

随着我国社会主义市场经济的不断深入，部分社会组织工作人员由于受到利益驱动和各种思潮的影响，价值趋向逐渐功利化，在工作中重利益轻付出、重物质轻奉献，这些都不利于良好的积极向上的社会组织文化建设。这就需要社会主义核心价值观的引领作用，对一些不正确的思想及时进行引导和匡正，从而完成科学的社会组织文化建设。

社会组织的价值观决定了其发展的方向，由于社会组织成员并不与直接的经济利益挂钩，所以单纯的物质激励效果并不突出，这就需要在价值感、认同度、志愿精神、社会责任感方面下功夫，突出奉献、服务、公益、合作等价值理念，而这些理念都蕴含于社会主义核心价值观当中。因此，社会组织文化建设必须主动以社会主义核心价值观为指导，为国家、社会做出贡献。

（四）深化简政放权，推进政府职能转变

自20世纪70年代以来，源于西方发达国家的政府改革浪潮卷席全球。转变政府职能成为世界各国政府共同面临的重大治理问题。如前所述，新加坡政府自20世纪80年代开始，逐渐还权于社会，培育起强大的社会力量，促进了其"强社会"的形成，这与当前我国大力推进的简政放权改革具有很强的共通性。建设"强政府"与简政放权并不矛盾，"强政府"不等于"大政府"，简政放权的目的即优化政府职能配置。

今天我们强调的"善治"，其实质就是国家权力向社会的回归。我国政府推进社会组织参与社会治理的一个直接表现即推进政府职能转变。当前，简政放权改革还存在不少问题，如"官本位"思想根深蒂固、工作协调联动不顺畅、审批环节多、耗时长等问题，简政放权质量尚有较大提升空间（李坤轩，2019）。

新时期行政体制改革的突出亮点，就是在简政放权、转变政府职能

的过程中充分发挥市场机制与社会力量的积极作用,让其充分发挥自身优势。党的十九届四中全会提出"构建职责明确、依法行政的政府治理体系",为转变政府职能、提高效率效能、建设人民满意的服务型政府指明了方向。

(五) 完善顶层设计,建立健全社会组织的相关制度

前已述及,新加坡法律对社会组织管理采取了不同的模式。不同的社会组织渗透到社会不同层面的运作机制中,不同法律法规的侧重点均不同,都有自身的针对性,但目的都是促进社会组织发展。

目前,我国有关社会组织的制度设计还存在很多缺陷,部分制度设计可操作性不强,存在一定的模糊性、原则性、抽象性等,给政府执行部门带来了一定的困扰,也给监管对象理解相关的制度造成不便。因此有必要完善制度设计,增强相关制度的针对性与可操作性。首先,尽快启动统一的社会组织立法,以更高阶位的专门法律对社会组织进行有效规范。其次,进一步理顺社会组织管理体制。大力推动社会组织的自主性、自治化,激发其优势和潜力。最后,进一步简化社会组织登记手续,降低社会组织登记注册门槛。对社会组织成立按类逐步推行注册准入制,促进社会组织依法、自律运作。

(六) 培养民众志愿服务精神,完善志愿服务体系

从新加坡的实践可以看出,社会组织的服务有利于促进公共精神的形成,而公共精神主要包括独立负责、志愿服务、民主协商、爱心奉献、互助合作、律己守则。同时,为了密切政府与社会组织的关系,防止社会分裂,新加坡政府将强化国家认同作为首要目标任务,倡导社会共同价值观,这为其强社会的培育起到了支撑作用。国家治理需要合格的公民,既能对国家与社会承担责任,又能追求自身合法权利,还能主动参与社会事务。从这一点上看,社会组织在对公共精神的培育上具有优势。社会组织作为重要的社会调节力量,对于现代社会秩序具有重要

意义。社会组织更能汇聚民意、代表民意。通过与政府建立交流沟通平台，社会组织可以更完整地与政府进行协商，甚至参与政策的制定，从而及时化解矛盾纠纷，维护社会秩序的稳定。

从我国社会组织发展的历程来看，社会组织在我国社会福利建立和完善的过程中发挥了重要作用，尤其是一些公益性组织，它们在社会各个领域发挥了稳定社会秩序、促进社会发展的作用，它们通过提供各种服务，为公共服务提供了有力补充。在自然灾害发生时，很多社会组织都表现出了奉献和志愿精神，为社会秩序的稳定及和谐发展提供了正向的激励作用。在各种灾害面前，我国社会组织表现出了极大的热情和能量，在受灾地区的救援和重建中都发挥了积极作用。

现代社会组织的实践是一种志愿精神，它对于社会公众也有感化、示范和教育的作用。我国目前缺乏完善的志愿服务体系，很多时候只是简单地将社会组织中志愿者的数量作为考核社会组织工作的硬性指标，而对志愿服务的重视程度较低，志愿服务的管理和培训也缺乏系统性。因此，应进一步培养公众的志愿精神和互助的品质，为我国社会组织的发展提供良好的社会土壤。

六　结语

新加坡之所以成为国际公认的治理典范，重要的原因就是新加坡对社会组织的培育与建设。新加坡注重政府主导下的"社会参与"，在权威、高效的"强政府"作用下将政府治理和政权向基层延伸，依靠社会组织，凝聚起强大的民众力量，造就了运行有效、和谐统一的"强社会"，二者之间形成良性互动，从而实现了社会治理的现代化目标。新加坡与我国同处亚洲，同为一党执政的国家，同样是多民族、多元文化、多宗教信仰，在向现代化推进的过程中，同样面临诸多社会治理上的困境与难题。如何实现从传统社会向现代社会的转型，是当前发展中国家共同的愿景。尽管我国的国情与新加坡的国情存在一定的差异，但当前我国面临的社会治理任务更为复杂繁重，因此新加坡社会组织参与社会治理过程中蕴含的精神理念、制度规范、行为事件和文化价值等层面的有益经验，值得我们认真梳理和学习，我们可在符合我国国情的基础上适当借鉴。社会治理是国家与社会多元主体对于社会问题的治理。事实表明，社会共治是科学有效的社会治理机制。从这个意义出发，建设"强政府、强社会"是我国社会治理的目标路径。"强政府"意味着政府强大的独立自主以及强大的整合、动员社会资源的能力，"强社会"意味着社会强大的自治能力及发展机制，二者之间协调合作、互动共赢，由此发展出具有中国特色的社会组织参与社会治理的路径模式。

【参考文献】

B. 盖伊·彼得斯，2001，《政府未来的治理模式》，吴爱明等译，中国人民大学出版社，第68页。

鲍勃·杰索普，1999，《治理的兴起及其失败的风险：以经济发展为例的论述》，漆燕译，《国际社会科学杂志》（中文版）第1期，第32页。

董正华，2010，《世界现代化历程·东亚卷》，江苏人民出版社，第339页。

何增科，2000，《公民社会与第三部门》，社会科学文献出版社，第243~252页。

李坤轩，2019，《新时代深化"放管服"改革的问题与对策》，《行政管理改革》第6期，第75~78页。

李平、安喆，2015，《新加坡城市社区管理模式及其启示》，《管理观察》第29期，第85~86页。

李志东，2014，《新加坡国家认同研究（1965—2000）》，中国人民大学出版社，第85页。

理查德·C. 博克斯，2005，《公民治理：引领21世纪的美国社区》，孙柏瑛等译，中国人民大学出版社，第10页。

廖鸿、石国亮，2011，《中国社会组织发展管理及改革展望》，《四川师范大学学报》（社会科学版）第 10 期，第 52~58 页。

吕元礼、陈家喜等主编，2014，《新加坡研究（2013 卷）》，社会科学文献出版社，第 220 页。

吕元礼，2007，《新加坡为什么能》，江西人民出版社，第 87 页。

马占亚，2015，《政府主导 多元参与——新加坡社区治理的经验与启示》，《广东经济》第 12 期，第 36~40 页。

玛丽-克劳德·斯莫茨，1999，《治理在国际关系中的正确运用》，肖孝毛译，《国际社会科学杂志》（中文版）第 1 期，第 84 页。

斯钦，2017，《社会组织党建工作怎么抓》，《人民论坛》第 32 期，第 118~119 页。

陶希东，2017，《共建共享：论社会治理》，上海人民出版社，第 2 页。

王其源、孙莉莉，2019，《新加坡基层社会组织的生成机制及其启示》，《重庆工商大学学报》（社会科学版）第 2 期，第 89~94 页。

王韶兴，2011，《政党政治论》，山东人民出版社，第 497 页。

王振海等，2015，《社会组织发展与国家治理现代化》，人民出版社，第 82 页。

夏国永，2012，《国外政府与社会组织合作治理的经验借鉴与启示》，《经济研究导刊》第 6 期，第 247~250 页。

姚秀霞，2018，《山东烟台：推动社会组织党建工作新探索》，《中国民政》第 14 期，第 49~50 页。

Katarzyna, M. R. 2015. "Towards Urban Governance：Twenty Years of Neighborhood Contracts in the Brussels-Capital Region," *Cities* 44：1-8.

Osborne, S. P. 2009. *The New Public Governance? Emerging Perspectives on the Theory and Practice of Public Governance.* London：Routledge.

Stoker, G. 1998. "Governance as Theory：Five Propositions," *International Social Science Journal* 50（155）：17-28.

慈善法治下慈善组织信息公开的合作监管探析*

马贵侠　潘　琳**

摘　要：我国慈善事业已进入法治化时代。慈善组织信息公开的多元主体合作监管，是健全慈善组织信用体系的重要举措。文章以跨部门合作治理理论和慈善政策法规作为慈善组织信息公开的合作监管分析基础，综合运用德尔菲法、熵权法分析出慈善组织信息公开的多元监管主体和监管内容的重要性排序，以此构建出慈善法治下慈善组织信息公开的合作监管模型，并详析了模型中各类监管主体的角色及其运作策略。

关键词：慈善组织　信息公开　合作监管

信息公开是政府、捐赠者、受益者、社会公众等利益相关者了解慈

---

* 基金项目：国家社会科学基金项目"互联网+背景下企业能力、商业模式创新与社会企业绩效研究"（项目编号：17BGL077）、安徽省教育厅高校人文社科项目"共享发展视域下安徽特色城市社区养老服务体系研究"（项目编号：SK2019ZD63）的阶段性成果。

** 马贵侠，合肥工业大学副教授，中国科学技术大学管理学博士，主要从事社会组织与社会治理方面的研究，E-mail：maguixia2014@hfut.edu.cn；潘琳，安徽省委党校（安徽行政学院）副教授，中国科学技术大学管理学博士，主要从事社区治理创新方面的研究，E-mail：lpcheney@mail.ustc.edu.cn。

善组织信息和组织活动的重要途径,是我国慈善事业进入法治化时代的重要标志,亦是慈善组织信用监管体系的重要构成,更是慈善组织高质量发展的核心驱动力。概言之,慈善组织信息公开有助于推动慈善事业健康、有序发展。

2016年8月,中共中央办公厅、国务院办公厅印发《关于改革社会组织管理制度促进社会组织健康有序发展的意见》,提出健全公益慈善类社会组织年度报告、信息公开和第三方评估等制度。2016年9月1日,《中华人民共和国慈善法》(以下简称《慈善法》)施行,标志着慈善活动步入法治化时代。依据该法,民政部于2018年8月出台了《慈善组织信息公开办法》,慈善组织信息公开制度取得重大进展。我国已初步构建了以信息公开为基础、以信息共享为平台、以信用监管为核心的新型慈善组织监管制度(黄晓勇,2018:16)。

然而,当前一些慈善组织信息公开的质量仍然有待提高。基金会中心网发布的中基透明指数显示,截至2019年2月,中基透明指数FTI为50.08,仅有204家基金会FTI为满分。① 由此可以看出,当前亟须发挥政府、慈善行业组织、媒体、社会公众等多元主体的合作力量,形成监管合力,对慈善组织信息公开进行规范和引导式的综合治理。

一 问题的提出与文献述评

慈善组织信息公开,指慈善组织在《慈善法》等相关法律法规要求下,按照一定的原则和方式,依法将组织相关的特定信息和内容,通过相关平台和渠道,主动向社会或其他对象公开和披露的行为过程。根据《慈善法》第七十一条规定,慈善组织、慈善信托的受托人应当依法履行信息公开义务。信息公开应真实、完整、及时(阚珂,2016:197)。《慈

---

① 《中基透明指数》,基金会中心网,http://fti1.foundationcenter.org.cn/,最后访问日期:2020年8月31日。

善组织信息公开办法》明确规定了慈善组织应当公开的信息内容包括：基本信息；年度工作报告和财务会计报告；公开募捐情况；慈善项目有关情况；慈善信托有关情况；法律法规要求公开的其他信息；等等。① 本研究关注的问题在于：在慈善组织信息化制度不断健全的进程中，主要有哪些监管主体对慈善组织信息公开有影响作用？各类监管主体在慈善组织信息公开过程中发挥的重要性程度如何？各类监管主体针对不同的监管内容如何发挥功能与作用以形成合作监管的格局？信息公开作为政府治理慈善组织的政策工具发挥着规制、引导和激励的综合性作用，相关议题也引起了国内外学术界的关注。关于慈善组织信息公开的原因，有研究认为慈善组织信息公开的动因在于资源提供者出于知晓善款用途的需要，产生了慈善组织信息透明的压力（Froelich，1999：246 - 268；Lewis，2005：238 - 267）。就慈善组织信息公开的作用，有研究发现，慈善组织的信息公开有助于提高捐赠者的捐赠金额（Buchheit and Parsons，2006：666 - 686）。针对慈善组织信息公开的对象，有学者认为，慈善组织的信息不仅仅向捐赠人公开，应向所有社会成员公开，即社会公众与慈善组织具有信息公开的权利义务关系（李卫华，2017：157 ~ 162）。针对慈善组织信息公开中多元主体的关系，有学者提出，慈善组织信息公开应着力促进社会多元主体的积极参与、相互配合并协同行动，而不是仅仅将其视为监管部门和慈善组织二者之间的博弈（李健，2018：130 ~ 137）。而关于慈善组织信息公开的内容选择，有研究认为，慈善组织公开的信息越充分，则其获得的捐赠越多（Hyndman，1990：295 - 307）。也有研究提出，完善捐赠款物使用的追踪、反馈以及公示制度是健全慈善信息公开制度的关键（高小枚，2017：75 ~ 80）。在慈善组织信息公开的监督机制方面，有研究认为，应建立慈善组织信息公开的第三方监督机制（孙发锋，2012：31 ~

---

① 《慈善组织信息公开办法》，民政部门户网站，http://www.mca.gov.cn/article/gk/wj/201906/20190600017734.shtml。

34），应加强政府对民办非企业单位信息公开的监督，对其信息公开施加压力（黎永红、张平，2016：40~43）。就监管主体的角色定位而言，法律上有明确要求，监督和规范慈善组织公开行为是政府部门应尽的职责，而社会公众有参与监督慈善组织信息公开的权利（何华兵，2017：39~43）。在慈善组织信息监管的渠道方面，可以建立自由公益平台，实现信息的发布、接受、监督，确保慈善组织的信息公开程度以及违法违规信息迅速进入公众的认知，为指引募捐流向奠定了基础（柴振国，2017：205~211）。在互联网对慈善组织信息公开的作用方面，有研究认为，互联网参与社会组织监管的行为模式使政府、行业性组织、市场和社会公众形成互动性监管趋势，进一步健全了组织监管的运作结构（朱志伟、刘振，2018：37~44）。也有研究提出，新媒体监督能够推动慈善项目的透明化运作，提升慈善监督效率（陈为雷、毕宪顺，2015：85~91）。

既有研究表明，政府、企业、慈善社会组织、社会公众构成了慈善组织信息公开的多元监管主体。不同学者提出了不同的慈善组织信息公开监管的模式，已有研究多基于多元主体协同治理的宏观分析，缺乏对各主体在信息公开监管过程中发挥的功能和行为边界的实证分析。多数学者论述了互联网技术的发展拓展了慈善组织信息公开的监管渠道，但在监管方式和内容上的探讨未将两者之间进行有效的深度融合。本文以合作治理理论为理论基础，通过走访对33家慈善组织负责人进行深度访谈，并运用德尔菲法打分。运用熵权法综合评估监管主体和监管内容的重要性，进而构建慈善法治下慈善组织信息公开的合作监管模型，以期为提升慈善组织信息公开的多主体合作监管能力提供可行性的操作思路。

二 分析基础与研究方法

本研究以合作治理理论为理论分析基础，同时梳理了自《慈善法》

实施以来相关慈善组织信息公开的各类政策文本。

（一）分析基础

1. 理论基础

合作治理理论阐释了政府与私人部门和非营利部门在跨部门合作中的合作形式、合作原理，分析了跨部门合作的益处。对于政府部门而言，跨部门合作（CSCs）可以使政府同其他部门一起利用资金、专业知识并共担风险，从而为公共产品和服务的成功交付提供关键因素（弗雷尔、凯、波伊尔，2018：8）。在提供公共产品和服务的过程中，政府可以选择通过直接供给、签约外包、特别协作、合伙与公私合作、独立的公共服务提供、私人供给或私有化等多种形式。其中，合作关系的形成主要是因为私人部门具备专业知识与技能，所以在交付这些服务时利用私人部门而不是维持或形成单独的公共部门（弗雷尔、凯、波伊尔，2018，17~20）。政府与私有部门和非营利部门合作治理的基本原理在于以下三点。一是实用主义的，政府缺乏真正能够应对新要求或新使命的公共服务资源或人手，而其他部门可以提供相应的知识或资源。二是经济上的竞争优势。私人部门或非营利部门比政府在分配资源方面更具竞争优势。三是跨部门的战略合作。跨部门的合作具有帮助各部门组织和管理的举动潜力，能够形成可交付物和成果，促进能力的提高，增加新的资源与机会（弗雷尔、凯、波伊尔，2018，27~33）。采用一种公私合作的方法来完成政府的使命，可能会有多种目的，但是大多可以概括为：追求更好的结果，或是获得更多的资源，或者兼而有之（多纳休等，2015：40~41）。

依据合作治理理论，慈善组织信息公开的多元监管主体，为提升慈善组织公信力、引导和规范慈善事业健康有序发展，应当形成包含政府、慈善信息平台提供者（如中国慈善信息平台、慈善中国、互联网募捐信息平台）、捐赠者、受益人、社会公众在内的多主体战略合作式的综合监管。政府是慈善组织信息公开监管的主体，对于那些没有依法履行信息公开义务的慈善组织，民政部门应给予不同形式、不同程度的处罚。同时，互联网技术的蓬勃发展，为慈善组织信息公开的监管提供了更为丰富的载体和渠道。自 2016 年以来，民政部先后遴选指定两批慈善组织互联网公开募捐信息平台，目前，共有 20 家互联网募捐平台可为慈善组织提供募捐信息发布服务。民政部门指定的信息平台既是慈善组织信息的发布主体，也是慈善组织信息公开的重要监管主体。通过民政部"认定"的方式，政府与慈善信息平台的提供者对慈善组织的信息公开形成了合作监管。而政府与慈善组织中的行业性组织（如基金会中心网）、捐赠者、受益人、社会公众等监管主体之间的合作监管关系则需要进一步理顺，以使各类监管主体能形成有效合力，提升慈善组织信息公开的质量和效果。

2. 政策基础

当前慈善组织信息公开的基本法律和规范性文件包括《慈善法》、《慈善组织信息公开办法》和《社会组织信用信息公开办法》等法律法规。慈善组织相关信息公开制度的逐步健全、信息化平台的运行、信息公开内容的规范有效提升了慈善组织事中事后监管水平，标志着我国已经初步建构起慈善组织信息监管体系（见表 1）。

表 1 慈善组织信息公开的政策文本分析

政策文件	主体	对象	内容	途径
《慈善法》（中华人民共和国主席令第 43 号）	慈善组织	社会公众	组织章程；决策、执行、监督机构成员信息；民政部门要求公开的其他信息；有重大变更的信息；年度工作报告；财务会计报告	各级民政部门建立的慈善信息平台；自建网站；门户网站；社交软件；学术期刊（阚珂，2016：197）
	具有公开募捐资格的慈善组织	社会	募捐情况；慈善项目实施情况	
	开展定向募捐的慈善组织	捐赠者	募捐情况；募捐款物的管理使用情况	
	慈善组织、慈善信托的受托人	受益人	资助标准；工作流程；工作规范等	

续表

政策文件	主体	对象	内容	途径
《社会组织抽查暂行办法》（民发〔2017〕45号）	各级社会组织登记管理机关	社会公众	社会组织的年度报告、信息公开、内部治理、财务状况、业务活动等	民政部门的社会组织信息管理系统
《社会组织信用信息管理办法》（中华人民共和国民政部令第60号）	各级社会组织登记管理机关	社会公众	基础信息、年报信息、行政检查信息、行政处罚信息和其他信息	民政部门的社会组织信息管理系统
《慈善组织信息公开办法》（中华人民共和国民政部令第61号）	慈善组织	社会公众、捐赠者、受益人、志愿者	基本信息；年度工作报告和财务会计报告；公开募捐情况；慈善项目有关情况；慈善信托有关情况；重大资产变动及投资、重大交换交易及资金往来、关联交易行为等情况；法律法规要求公开的其他信息	民政部门提供的统一的信息平台

从以上政策文本梳理可以看出，慈善组织信息公开涉及的多元主体包含政府、各种类型的慈善组织、捐赠者、受益人、信息平台提供者等。政府和信息平台提供者是慈善组织信息公开的实施主体，亦是监管主体，其他监管者如捐赠者、受益人及社会公众（包含传统媒体和网络新媒体）则是慈善组织信息公开的监管主体。

（二）具体研究方法

本研究综合运用深度访谈法和德尔菲法。2017年6月至2018年6月，笔者运用半结构式访谈法对国内33家涵盖儿童青少年服务、养老服务、疾病救助、扶贫帮困等服务领域的慈善组织的法人或项目管理者做了访谈，涉及的访谈内容主要包括慈善组织信息公开的监管主体、监管内容构成及监管效果。之后，就慈善组织信息公开的状况开展了网络调查，通过滚雪球、直接邀请等方式发放并回收了104份网络问卷以获取更为丰富的第一手资料。所获得的第一手资料为本研究厘定慈善组织信息公开的监管主体和监管内容提供了实证支持。德尔菲法即专家意见法，是采用匿名方式，通过几轮"函询—归纳—反馈"来征求专家的预测意见，再由研究者综合分析，确定调查结果的一种方法（宁秀君，2013：68）。笔者对相关政策进行文本分析，得以提炼出影响慈善组织信息公开的重要因素——监管主体和监管内容的评价（见表2），评价方式采用10分制（10分，非常重要；1分，非常不重要）。由学术界、实务界、政府部门管理者组成专家小组，通过德尔菲法，征询这些专家的意见，对慈善组织信息公开的各类监管主体和监管内容的重要性进行打分和排序。

表2 慈善组织信息公开的监管评价表

监管主体	根据重要性评价							
	政府	组织自身	第三方机构	行业监管	媒体	社会公众	捐赠者	受益人
监管内容	慈善组织基本信息	组织内部治理与管理内容	财务信息及审计报告	组织宣传与倡导信息	组织项目信息、业务内容、募捐信息、效果	公开年检报告	接受捐赠信息	善款及物资发放信息

为保证本研究的可信度，真实、科学反映慈善组织信息公开的监管现状，在所有的受访专家中，必须满足一个条件：均具有不低于三年的慈善领域实务经验或研究经验。具体操作方法为：2018年3～4月，在《社会组织信用信息管理办法》实施之后，开展第一轮专家评价。13位专家构成为：慈善研究领域学者4人，占比为31%；慈善组织负责人或项目管理人员5人，占比为38%；社会组织管理人员4人，占比为31%。2018年9月1日，《慈善组织信息公开办法》实施之后，笔者于2018年11～12月展开了第二轮专家评价，从而使专家的评价能够充分考虑到该政策文件的影响。16位专家构成为：慈善研究领域学者4人，占比为25%；慈善组织负责人或项目管理人员8人，占比为50%；社会组织管理人员4人，占比为25%。两轮专家评价共收回有效评价表29份，为了使专家评价表的结果更为科学和客观，本研究在统计分析

中，尽量避免专家主观性影响，笔者将熵权的算法与双基点法优化整合，形成了多指标决策的熵权优化模型（Shuiabi, Thomson, and Bhuiyan, 2005: 696-707）。通过模型测算出慈善组织信息公开的监管主体和监管内容的重要性程度排序，最终形成了本研究的研究结论。

三 慈善组织信息公开的监管主体及内容熵权分析

根据专家评价表的熵权算法结果，慈善组织信息公开的多元监管主体重要性程度从高到低为：政府、捐赠者、行业监管者、社会公众、第三方机构、组织自身、媒体、受益人（见表3）。其中，政府（包含登记管理机关、业务主管单位和财政、税务等相关职能部门）是慈善组织信息公开的首要监管主体。捐赠者（包含个体捐赠者和企业捐赠者）作为慈善活动的资源提供者有权获取慈善组织的善款使用去向和使用方式信息。行业监管者包含慈善组织组成的行业自律联盟（如基金会中心网或由社会组织联合发布自律公约）。政府部门通过购买服务项目的方式委托第三方专业评估机构对慈善组织进行评估与监管。按照《慈善法》的规定，社会公众有权获知慈善组织的各种慈善信息。按照《慈善法》第七十五条规定的内容，对于慈善组织、慈善信托的受托人而言，必须向受益人告知其资助标准、工作流程和工作规范等信息内容（阙珂，2016: 207）。此外，民政部门主办的社会组织公共服务信息平台、民政部认定的慈善信息平台提供者也构成了慈善组织信息公开的监管媒介。

表3 慈善组织信息公开的监管主体熵权表

监管主体	权重	排序
政府	0.159092	1
组织自身	0.078706	6
第三方机构	0.098414	5
行业监管者	0.144027	3

续表

监管主体	权重	排序
媒体	0.064567	7
社会公众	0.12101	4
捐赠者	0.151049	2
受益人	0.043067	8

专家评价表的熵权算法结果显示，慈善组织信息公开的监管内容重要性排序为：项目信息、捐赠信息、财务信息、善款及物资发放信息、组织基本信息、内部治理与管理信息、对外宣传与倡导、年检报告书（见表4）。《慈善法》规定，慈善组织应当向社会公开组织章程和决策、执行、监督机构成员信息等，每年向社会公开其年度工作报告和财务会计报告、具有公开募捐资格的慈善组织应当定期向社会公开其募捐情况和慈善项目实施情况（阚珂，2016：200~204）。

表4 慈善组织信息公开的监管内容

要素	权重	排序
组织基本信息	0.108977	5
内部治理与管理信息	0.095323	6
财务信息	0.14272	3
对外宣传与倡导	0.088049	7
项目信息	0.198255	1
年检报告书	0.074008	8
捐赠信息	0.15824	2
善款及物资发放信息	0.134429	4

另外，笔者所参与的慈善组织信息公开的调研结果显示，在所调查样本组织中，有81.73%的组织有微信公众号，并会定期更新信息；有58.65%的组织会通过官方网站公开信息。在信息公开中，公开最多的是组织的项目及活动动态，有90.38%的组织公开了相关的内容。而公开项目的进一步跟进工作信息的机构数量就直线下降，有81.25%的组织公

开了项目总结，有62.5%的组织公开了项目的评估信息。在组织的财务公开方面也显示了类似的状况，有82.14%的组织进行了财务公开，公开财务报告的有71.43%，而公开财务审计报告的仅为58.04%。这一方面表明，慈善组织的信息公开机制尚待健全，另一方面表明，政府、捐赠者、社会公众等多元监管主体尚未形成有效的合作监管体系来督促、引导和规范慈善组织的信息公开。有研究表明，当前，社会组织监管主体的专业监管力量和手段不足，监管主体职责不明、协调困难（潘琳，2018：122~130）。有研究表明，信息公开水平要求最高的公益慈善类社会组织整体信息公开的水平并不高，还需要信息监管体系继续发挥提升促进和规范发展的作用（黄晓勇，2018：23）。根据合作治理理论，组织的法律分类（公共的、私人的、非营利的）促进了某种操作的限制与优势，所以跨部门联盟的本质意味着一个组织具有贡献出另一个组织所不具备的资源的潜能（弗雷尔、凯、波伊尔，2018：68）。在慈善组织的信息公开监管中，各类监管主体各具自身的监管资源和监管优势，能够针对不同类型的监管内容发挥自身的专业监管优势，形成有效的监管合力，提升慈善组织信息公开监管工作的效能。

四 慈善组织信息公开的合作监管模型构建及运作策略

结合上述慈善组织信息公开的监管主体和监管内容熵权分析结果，按照监管主体重要性排序，以提升监管工作的有效性、针对性为原则，以慈善事业进入法治时代为背景，本文提出如下构建慈善组织信息公开的合作监管模型及运作策略（见图1）。

政府是监管的主导者。一是作为政策制定者，政府要持续完善慈善组织信息公开的基础法律和规范性政策文件，应制定出台与慈善组织信息公开监督管理相关的管理办法和管理条例，明确政府、慈善组织、公众等利益相关者在慈善组织信息公开监管中应承担的法律义务和责任。对慈善组织而言，政府要明确其在信息公开过程中应遵循的重要考

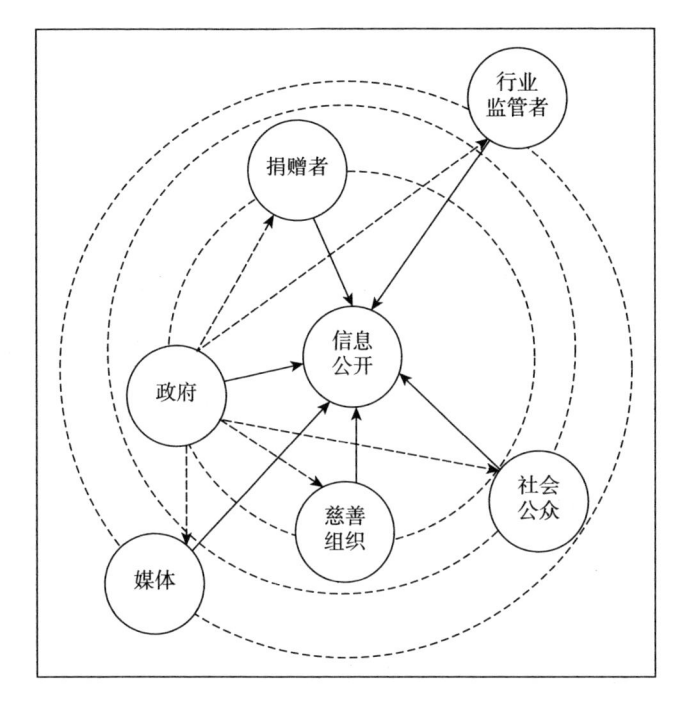

图 1　慈善组织信息公开的合作监管模型及运作策略

核指标，并推动落实这些政策使之切实发挥引导、规范功能。二是作为监管的核心主体和引导者，积极发挥各方作用，加强事中事后监管；不断推动落实民政部门认定的各类慈善组织互联网募捐信息平台运营者的监管作用和责任。各类为慈善组织提供技术支撑的互联网募捐平台运营者，对其而言，则需依照《慈善法》和《慈善组织信息公开办法》和《慈善组织互联网公开募捐信息平台基本管理规范》等发挥应有的监管功能，督促慈善组织真实、准确、有效地完善组织基本信息、项目信息、捐赠信息、财务信息等各类信息，以加强平台规范化建设，有效引导慈善组织依法依规开展慈善活动。三是督促慈善组织"练好内功"。各级慈善组织登记管理机关、业务主管单位应不断督促慈善组织完善理事会、监事会等内部治理结构，着力引导慈善组织的监事会及监事会依法履行监管职责，推动慈善组织逐步完善自身信息公开的内部监管机制，实现自我监管。而民政部门应在慈善组织评估指标中加大慈善组织信息公开监管的指标权重，通过购买公共服务方式委托的第三方机构在评估工作中科学、全面评价慈善组织信息公开的内部监管工作。推进专业评估机构的公开、公正和透明，促进慈善组织不断优化自我信息公开内部监管结构。

捐赠者作为慈善资源的提供者与核心监管者。按照《慈善法》规定，捐赠者有权利获取所捐赠资源（资金资源、物质资源、志愿服务资源）的去向和使用方式等信息。据统计，截至2018年底，民政部指定的20家互联网募捐信息平台总筹款额超过57.6亿元，"99公益日"从2015年到2018年，公众捐赠金额从1.3亿元升至8.3亿元。[①]由此可以看出，我国捐赠者的慈善捐赠活动参与度较高。为进一步优化慈善行业结构，激发捐赠者的捐赠热情，保障捐赠者的权益，政府应通过主流媒体大力宣传《慈善法》及其他慈善组织信息公开的政策性文件，保障捐赠者的慈善信息知情权；鼓励捐赠者对慈善组织就项目信息、捐赠信息、财务信息等关键性的慈善信息，依法、合理合规提出信息披露要求，以此监督慈善组织履行信息公开的义务和责任。

慈善行业性组织或由慈善组织组成的行业自律联盟作为行业监管者亦是监管的倡导者。国内已经成立了一些行业自律组织和行业自律联盟，如2010年建立的基金会中心网建立了国内基金会行业信息披露平台，一定程度上促成了行业自律机制的形成。2018年，上海市53家社会组织联合发布了《上海社会组织自律公约》，提出社会组织应当诚信为本，披露真实全面，接受公众监督。2018年，四川省慈善总会联合四川省内10余家基金会和慈善会系统内单位向全省慈善组织、慈善工作者发出了《四川慈善行业自律倡议书》，督促慈善组织强化慈善信息公开责任，推动了行业自律，通过真实、完整、及时公开慈善信息，

---

① 《〈慈善法〉实施三周年十大进展（2019）》，中国公益研究院官方网站，http://www.bnu1.org/show_1415.htm，最后访问日期：2020年2月17日。

打造透明慈善。今后，政府应大力推动慈善领域建立全国性及区域性的联合型、行业性组织，并通过多种支持性政策提升这些行业性组织的能力和行业影响力，鼓励和倡导这些行业性组织建立可测量的慈善组织信息公开的评价体系并定期公布排名，使之发挥行业监管、自律和引领功能，督促慈善组织健全内部治理结构，并真实、及时地公开项目、捐赠、财务等社会公众、捐赠人极为关注的关键性信息。

社会公众是慈善组织信息公开的最广泛监管者。社会公众既是慈善事业的现实和潜在的参与者，也是慈善事业的监管者。慈善事业的健康发展需要维护社会公众的知情权，政府为社会公众提供了各类慈善信息公开平台，有力拓展了社会公众查询、监督慈善组织的渠道，为社会公众监督慈善组织的信息公开提供了基础与条件。政府应通过"中华慈善日""99公益日"等慈善主题活动向社会公众大力宣传倡导《慈善法》及其他慈善组织信息公开的政策性文件，引领社会公众关注慈善组织的项目信息、捐赠信息、财务信息等，增强社会公众监督慈善组织慈善活动的监管意识，保障社会公众监督慈善组织的权益，以最广泛的监管力量推动慈善组织的信息公开。

第三方机构是慈善组织信息公开的专业监管者。早在2013年，广州市民政局就推动成立了第三方监督机构——社会组织慈善监督委员会，就慈善组织的财务会计制度、受赠及募捐财产使用制度、信息公开制度等相关制度的建设情况进行监督。更重要的是，第三方监督机构对慈善组织接受社会捐赠及开展慈善募捐活动情况、受赠及募捐财产的使用情况与信息公开情况等进行监督。各级政府应鼓励建立类似的第三方专业监管评估机构，鼓励慈善组织的受益人、慈善组织的捐赠者、媒体真实、准确地向其反馈慈善项目信息；使这些专业机构能够发挥有效的监管功能，督促慈善组织真实、及时地公开项目信息、捐赠信息、财务信息、善款及物资发放信息等社会公众关注的重要性信息，满足利益相关者的诉求；与此同时，增强慈善组织信息公开的规范性和完整性。

媒体是慈善组织信息公开、广泛的舆论监管者。基于社会各方对慈善组织关注度越来越高，新闻媒体成为督促慈善组织信息公开的重要监管者。媒体不仅是慈善组织活动的报道者、传播者，也是慈善活动的舆论监管者。近年来的公益慈善行业丑闻多由媒体报道，并进一步引发政府问责、社会公众知晓、慈善组织自省。媒体监管对于净化慈善环境、维护捐赠人和受益人等利益相关者的合法权益具有重要作用。媒体应当发挥有效的舆论监管作用，使捐赠人、社会公众、受益人等其他监管主体及时、准确地知晓行政机关的慈善执法监管情况，从而有利于形成多主体合作监管的格局。

由此，慈善法治下，多元监管主体，如政府、慈善信息募捐平台、捐赠者、慈善行业性组织或慈善自律联盟、社会公众、第三方机构、媒体等，形成了慈善组织信息公开的合作式监管。慈善组织信息公开的行为受到各类主体不同程度的监管，从而可以督促慈善组织自身不断完善信息公开机制。政府作为监管的主导者和核心，依照《慈善法》及配套法规吸纳、引导其他多元社会监管力量参与对慈善组织信息公开的监管。捐赠者、行业监管者作为慈善组织信息公开的主要力量能够在一定程度上引导慈善组织健全内部监管架构，督促慈善组织规范、及时、真实地公开慈善信息，逐渐形成慈善组织信息公开的常态化。社会公众、媒体、受益人作为慈善组织信息公开的广泛监管力量，第三方机构作为引导、规范慈善组织信息公开的专业技术支持力量，在慈善组织信息公开的合作监管中也发挥着重要作用。各类监管主体在慈善进入法治时代必然能够依法、有效地敦促慈善组织健全内部治理结构，规范慈善行为，使慈善信息的公开透明成为常态。

【参考文献】

柴振国，2017，《我国慈善组织信息公开机制研究——以激励相容为视角》，《广东社会科学》第 3 期，第 205~211 页。

陈为雷、毕宪顺，2015，《Web 2.0 时代新媒体慈善监督刍议》，《理论学刊》第 6 期，第 85～91 页。

高小枚，2017，《论健全慈善监督体制与提升慈善公信力》，《贵州社会科学》第 9 期，第 75～80 页。

何华兵，2017，《〈慈善法〉背景下慈善组织信息公开的立法现状及其问题研究》，《中国行政管理》第 1 期，第 39～43 页。

黄晓勇主编，2018，《中国社会组织报告（2018）》，社会科学文献出版社。

阚珂，2016，《中华人民共和国慈善法释义》，法律出版社。

黎永红、张平，2016，《社会治理视域下民办非企业单位信息公开问题研究》，《广东社会科学》第 10 期，第 40～43 页。

李健，2018，《慈善组织信息公开何以可能？——基于 PP-DADI 模型的综合分析》，《吉林大学社会科学学报》第 2 期，第 130～137 页。

李卫华，2017，《慈善组织的公共责任与信息公开》，《理论探讨》第 6 期，第 157～162 页。

宁秀君，2013，《市场调查与预测》，化学工业出版社。

潘琳，2018，《"互联网+"背景下社会组织多元协同治理研究》，中国社会出版社。

孙发锋，2012，《信息公开：我国慈善组织公信力建设的突破口》，《理论导刊》第 9 期，第 31～34 页。

约翰·D. 多纳休，理查德·J. 泽克豪泽等，2015，《合作：激变时代的合作治理》，徐维译，中国政法大学出版社。

约翰·弗雷尔、詹姆斯·埃德温·凯、埃里克·波伊尔，2018，《跨部门合作治理》，甄杰译，化学工业出版社。

朱志伟、刘振，2018，《重塑与创新："互联网+"视域下的社会组织监管机制研究》，《电子政务》第 2 期，第 37～44 页。

Buchheit S, Parsons L M. 2006. "An Experimental Investigation of Accounting Information's Influence on the Individual Giving Process," *Journal of Accounting and Public Policy* 25 (6): 666–686.

Froelich K A. 1999. "Diversification of Revenue Strategies: Evolving Resource Dependence in Nonprofit Organizations," *Non-profit and Voluntary Sector Quarterly* 28 (3): 246 –268.

Hyndman N. 1990. "Charity accounting: An Empirical Study of the Information Needs of Contributors to UK Fundraising Char-ities," *Financial Accountability & Management* 6 (4): 295 –307.

Lewis L. 2005. "The Civil Society Sector: A Review of Critical Issues and Research Agenda for Organizational Communication Scholars," *Management Communication Quarterly* 19 (2): 238 –267.

Shuiabi E, Thomson, V, Bhuiyan, N. 2005. "Entropy as a Measure of Operational Flexibility," *European Journal of Operational Research* 165: 696 –707.

主体合作与资源可及：慈善组织参与医疗救助的路径

——基于135个案例的比较分析*

何兰萍　王晟昱**

摘　要： 多部门联合的慈善医疗救助在健康扶贫领域发挥着重要作用，一直以来是社会救助研究关注的热点话题。本文以合作治理理论、卫生服务可及性为理论基础，从救助主体合作和救助资源可及两个维度建立理论分析框架，将135个慈善医疗救助项目作为研究对象，对其救助路径进行清晰集定性比较分析（csQCA）。本研究发现，政社合作有利于慈善医疗救助取得良好效果，慈善医疗救助多元主体合作的框架尚不完善，地方性救助项目可促进救助的充分性和针对性。

关键词： 慈善组织　医疗救助　多元主体合作

---

* 基金项目：国家社科基金一般项目"政府购买服务视角下慈善事业与社会救助的衔接模式研究"（编号：15BSH132）。

** 何兰萍，天津大学管理与经济学部公共管理学院副教授，南京大学社会学博士，从事社会治理、慈善与非营利组织等方面的研究，E-mail：lanping@tju.edu.cn；王晟昱（通讯作者），南京大学政府管理学院博士研究生，从事社会救助等方面的研究，E-mail：wangshengyu_005@163.com。

一 引言

人民日益增长的美好生活需要，必然包含了困难群体对于良好医疗服务的期盼与需要。然而，因病返贫、因病致贫的情况仍时有发生。近年来，快速增长的医疗费用直接影响中低收入群体对于医疗服务的可及性需要（见图1）。可见，进一步减轻罹患大病贫困患者及其家庭医疗费用负担是当前十分必要的任务。

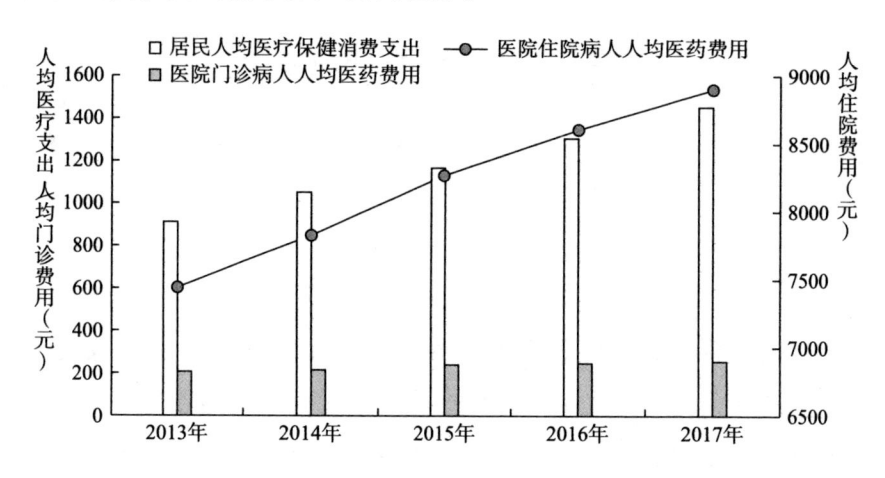

图1 2013~2017年我国居民医疗消费与医药费用情况

资料来源：国家卫生健康委统计信息中心，2016。

自党的十八大以来，相关文件按照"兜底线、织密网、建机制"的总体要求，提出要引导和支持社会组织参与医疗救助，建立救助对象需求与救助资源对接的信息平台，使各种救助主体形成合力。党的十九届四中全会再次强调"统筹完善社会救助、社会福利、慈善事业、优抚安置等制度"，最终实现"弱有所扶"和建设健康中国的目标。

我国慈善救助发展到今天，已经完全跳出传统意义上的救助含义的范畴，成为参与社会救助体系和社会保障制度的重要补充和组成部分，在国家社会、经济生活中扮演着越来越重要的角色（林闽钢，2013）。慈善组织近年来在疾病防治、扶贫、帮扶弱势群体及支持国家教育救助方面扮演着特有的角色，发挥了不可替代的作用（毕天云，2009；曹刚、李顺求，2008）。在医疗救助领域，我国参与医疗救助的慈善组织数量与资金总量几乎每年都有大幅度提高，救助形式与救助模式在实践中不断创新，在医疗救助体系中的作用日益彰显，为慈善组织不断完善并进一步深化参与医疗救助工作奠定了良好的组织基础。

相关研究认为，慈善组织在救助资金的募集迅速性、救助形式多样化、救助对象的针对性以及救助内容的广泛性等方面具有明显的优势（宋忠伟、于珊，2018）；同时，慈善组织参与社会救助也有利于解决政府失灵和市场失灵问题（郑晓齐、宋忠伟，2019）。但是，医疗救助法律、管理体制尚不健全，优惠激励机制不到位，社会救助的合作工作中仍存在救助主体分散、专业化人才缺失、资源缺乏互补性等问题，影响到医疗救助的总体效果（孙远太，2015；郑晓齐、宋忠伟，2019）。因此，在慈善医疗救助工作中，各主体如何加强合作，救助资源能否与困难患者的需求相匹配，当前有哪些典型的、可推广的经验模式或路径，成为值得反思和讨论的问题。

慈善组织参与社会救助的路径模式问题，近年来也是相关学者关注的热点之一。从宏观层面来看，相关研究发现我国参与慈善医疗救助主体已经由慈善组织本身拓展到企业、医疗机构及其他社会力量，慈善医疗救助的类型也有物质救助、资金救助及综合救助等多种形式（孙菊、甘银艳，2015；刘琼莲，2018；陈泉辛，2019）。相应的，未来慈善医疗救助工作的发展路径包括两个方面：就慈善组织而言，加强自身建设以提高救助专业化和社会公信力；就市场经济体制下的社会环境而言，政府、企业、慈善组织及其他社会主体应在整合的社会救助政策下，各自承担相应的责任并加强合作及功能的衔接，以提升医疗救助的整体水平（赵海林，2016；李敏，2016；徐家良、王昱晨，2019；郑晓齐、宋忠伟，2019）。另有学者对特定群体，如青少年儿童、残疾人等的慈善救助工作做了理论研究，并提出有针对性的发展路径与对策

（陈静、董才生，2017；刘琼莲，2018）。

此外，在以案例分析为代表的微观层面研究中，学者就某一领域或地区典型的医疗救助案例的模式进行总结，并提出发展思路。如梁土坤、尚珂（2014）以青岛市为例，对其罕见病医疗救助制度进行梳理，认为罕见病医疗救助需要建立多方共付的合作制度，并向患者提供多层次、全方位、多形式的救助，以提高药品可及性。魏娜等（2017）从协同治理视角，对多主体参与儿童医疗救助的协同经验进行总结，并从信息共享、协同网络以及绩效评估机制等方面提出建议。何兰萍等（2018）以合作治理理论为基础，对尘肺病慈善医疗救助的典型案例进行比较分析，并提出政策建议。

纵观已有的慈善组织参与医疗救助工作的相关研究，学者们从协同治理、合作治理、行政生态理论、资源依赖等众多视角对这一主题进行宏观研究或微观案例剖析，并从制度完善、机制优化等层面对慈善医疗救助工作的改进进行了论证。从已有研究来看，促进救助主体合作和功能衔接，提高救助资源的可及性已经在学界普遍达成共识。但从整体来看，已有研究大都从宏观层面构建理论框架或个案层面对救助模式进行解读，尚缺少全国层面的较大样本量的实证分析对这些结论进行验证或改进。同时，相关研究多从供给侧或需求侧单一角度出发，对慈善救助工作进行分析，但对于多主体合作的救助资源与服务是否可及，即如何更好地满足受助者的需求，这方面的研究特别是实证研究还相对缺乏。

基于当前的现实背景和文献研究背景，本文以慈善医疗救助项目为研究对象，从合作治理和卫生服务可及视角构建理论框架，多维度对慈善组织参与医疗救助的路径进行分析，并结合慈善医疗救助的目标和实际情况，总结当前我国慈善医疗救助中典型性、示范性较强，社会认可度较高的项目之经验路径，分析医疗救助工作存在的不足。

二 慈善组织参与医疗救助的理论分析框架

在当前社会主要矛盾的背景下,我们要建立以困难患者为中心、多元主体协同联动、救助形式多样化的慈善救助框架。本文以合作治理理论和卫生服务可及性理论为基础,结合慈善医疗救助的工作需要,构建理论分析框架。

(一)相关理论

1. 合作治理理论

合作治理可以被理解为不同的社会主体为实现公共目标所进行的内部或跨部门的权力与自由裁量权的分享,并通过合作的方式开展社会治理的活动(Ansell and Gash, 2008)。在合作治理中,政府、企业和社会组织三种组织部门之间采取两部门或三部门的合作(Haiyun Chen et al., 2020)。近年来,在社区治理、高等教育、住房和金融改革、环境治理等方面,相关学者已经开展了合作治理实证研究,并提出这些领域实现合作治理的路径与模式(蔡岚,2014;王辉,2014;谢宝剑、陈瑞莲,2014;Newig et al., 2018;母睿、贾俊婷、李鹏,2019)。

在社会救助领域,非营利组织的组织性、自治性和非营利性,使其具有贴近民众、反应速度快、服务领域广泛、工作细致深入等优势,因而社会救助领域形成多元主体共同治理必将成为未来的趋势(刘凤、傅利平、孙兆辉,2019)。多主体参与的慈善医疗救助可有效补充社会救助在救助人群、救助水平和救助程序方面的不足(孙菊、甘银艳,2015;杨波等,2019)。例如,财政部门向社会组织通过购买服务,可在一定程度上解决经办力量不足的问题,同时可与其有效衔接政府医疗救助和临时救助,提高救助充分性;民政部门牵头的捐赠动员活动,也有利于更高效地募集慈善资源(刘琼莲,2018;高静华，2018）。民办非企业单位、社工组织的参与，可通过发挥其民间性、自愿性、公益性、草根性的特点，促进慈善救助的专业化、个性化、精细化。医疗机构与慈善组织的合作，开展救助，既可以方便患者就诊，还因其能够充分地体现公立医院的公益性而普遍受到欢迎（徐爱军，2011）。从整体上看，多主体的共治在慈善救助领域，可以发挥合作主体功能"1＋1＞2"的效果。近年来也有学者将合作治理应用于医疗救助的案例研究和理论研究（何兰萍、王晟昱、傅利平，2018；孙远太，2015）。

2. 卫生服务可及性理论

关于"卫生服务可及性"这一概念，美国医学科学院曾将其解释为，居民通过可获得的卫生服务利用所能达到最佳的健康产出。近年来，学者根据应用实际，将"卫生服务的可及性"概括为可接近性、可适合性、可承受性、可接受性和可获得性几个方面（麻宝斌、杜平，2019；王志成、郭岩，2019）。参考已有研究，并结合需要，本文选择将可接近性、可承受性和可获得性纳入理论分析框架。

可接近性是指居民常住地与卫生服务机构所在地的关系。可承受性包括医疗服务的价格、就诊患者的收入、生活收支以及医疗保障之间的关系。可获得性被认为是公共卫生服务机构所提供的医疗资源或服务的数量、类型与患者所需之间的匹配关系。

可及性是医疗救助工作的底线和基本要求之一。提高医疗救助制度可及性和增强困难患者现实获得感是我国健康扶贫工作的目标。因此，救助制度或项目对于困难群体是否可接近，救助后其经济负担是否可承受，救助服务是否令其满意并可获得，直接关系到救助的可及性、精准性和高效性，是考量救助项目经验是否可推广的重要因素。现有的研究发现，政府医疗救助大大缓解了低收入群体就医的经济负担，但目前的救助方式特别是事后报销的方式，限制了救助资金的使用，导致资源利用率低，影响了相关群体卫生服务的可及性特别是门诊服务的可及性；而救助制度的不健全，影响到可及性的公平（顾昕、高梦滔、张欢，2006；贾维周，2008）。健全政府、医疗机构和慈善组织合作伙伴关系，不断改进救助方式，是建立起主体多元、覆盖面广、可及性高的医疗救助网络的必要条件（马静，2012；杨清红，2012）。

（二）慈善组织参与医疗救助的分析框架

本研究从合作治理和卫生服务可及性双重视角，并结合已有的关于慈善医疗救助的文献，从救助主体合作和救助资源可及两个维度，构建慈善医疗救助的理论分析框架（见图2）。

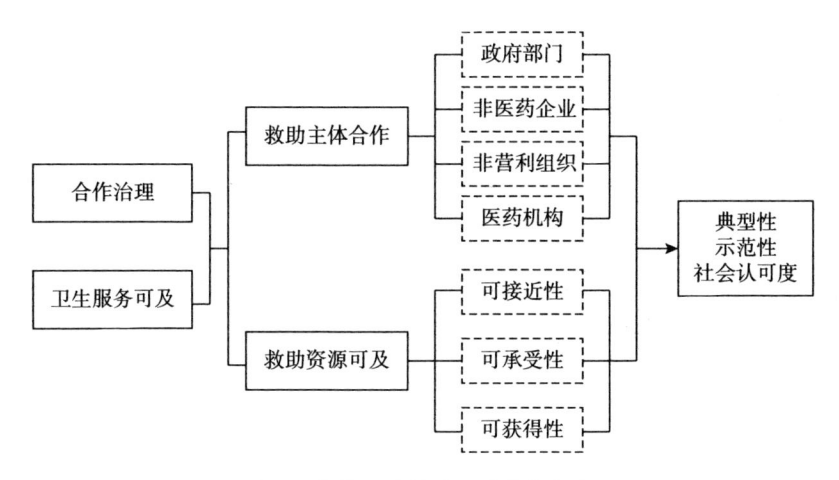

图 2 慈善医疗救助理论分析框架

1. 救助主体合作维度

本研究基于合作治理理论，建立对主体合作维度的研究框架。慈善组织参与医疗救助工作，可以调动其他主体的救助积极性，必要时可联合其他非营利组织，共同参与救助活动，在广泛募集资源的基础上，促进各主体间的合作，使其功能充分发挥，达到资源有效整合的目的。借鉴已有研究和相关政策，本研究拟对以下几个主体的合作救助工作进行讨论。

一是政府部门。在社会福利和救助工作中，政府处于主导地位，其在社会福利供给方面扮演着越来越重要的角色。同时，当前慈善组织特别是民间慈善组织，都不同程度上对于政府有资源上的依赖（郭小聪、文明超，2004；廖静如，2014）。引导慈善救助的工作需要政府通过实施引导政策，对慈善组织参与医疗救助工作给予支持，如为其提供宽松的政策环境和项目资金支持（廖静如，2014）。在这一过程中，政府的功能是加强其与慈善组织的合作，做好二者救助工作的衔接，并建立困难患者医疗救助需求信息与慈善资源的供给信息共享机制；通过奖补典型、政府购买等手段为慈善组织实施和开展医疗救助工作提供必要的物质支持（何兰萍、陈通，2005；温来成，2006）。

二是非医药企业。近年来，我国对企业慈善捐赠给予了越来越多的税收优惠和更为宽松的制度环境。慈善组织与企业的跨部门合作，有利于共同探寻救助的解决方案。关于慈善组织与企业的跨部门合作，近年来也受到学界的关注和认可（Holmes and Smart，2009；李健、陈淑娟，2017）。相关学者在对多元主体参与的救助框架进行论述中也提出引入包括企业在内的社会力量，发挥其在专业服务、资源募集整合方面的功能（谢勇才、丁建定，2015）。在慈善医疗救助项目中，企业为慈善医疗救助提供救助资源，推动慈善医疗救助工作可持续发展，起到示范性作用（唐果、贺翔、敖丽红，2017；魏娜、郭彬彬、张乾瑾，2017）。

三是非营利组织。社会组织间的合作既是社会组织发展成熟的标志，也有利于资源的凝聚和整合（杨柯，2015）。在慈善医疗救助项目中，非营利组织的合作有利于慈善募捐、信息发布和资源动员活动，更好地协调市场主体和社区之间的关系，从而提高救助效率（陈岳堂、颜克高，2007）。因此，推进非营利组织和社会成员之间的社会互助，是完善社会救助制度的必由之路（许琳、薛许军，2002）。

四是医药机构。相较于慈善领域的其他救助，医疗救助的特殊性在于其需要与专业的医学知识相结合方能最大程度利用好有限的救助资源（孙菊、甘银艳，2015）。在医疗救助工作中，慈善组织与医疗机构有着相同的目标，因此容易达成合作关系。从慈善组织的角度看，同医药机构的合作可提高受助患者的救治效率；从医药机构的角度看，参与慈善医疗救助项目中既可以为其赢得良好的社会声誉，还可在一定程度上减少因医疗费用拖欠带来的纠纷风险（魏娜、郭彬彬、张乾瑾，2017）。

2. 救助资源可及性维度

本文以卫生服务可及性理论为指导，构建救助资源可及性维度的分析框架。促进公共卫生服务的可接近、可承受、可获得，是卫生服务可及性思想的重要目标。基于该理论和我国慈善事业及社会救助的发展情况，本文重点考察医疗救助的可接近性、可承受性和可获得性。

卫生服务是否可接近，关系其整体的公平性以及群众的基本需求是否得到满足（王前、吴理财，2015）。就医疗救助而言，发展不平衡、区域差距较大的现实依然存在。医疗救助服务如不具备足够的可接近性，对于信息相对闭塞、经济欠发达地区的患者而言，很难通过自身能力获取到足够的慈善组织医疗救助信息，从而导致其很有可能错过了最佳救治时机（何兰萍、王晟昱、傅利平，2018）。因此，在慈善医疗救助的典型路径中，其救助的可接近性情况的探讨是必要的。

可承受性是卫生服务价格及相关支出与患者收入及支付能力之间的适合度（Pechansky and Thomas，1981）。慈善医疗救助资源配给的方式通常包括现金救助、服务救助和实物救助。现金救助主要是医疗费用按比例或报销或定额补助，服务救助大都是手术或治疗包干的形式，实物救助主要为患者提供药品或医疗器械（梁土坤、尚珂，2014）。救助资源配给方式能否起到织网兜底的作用，即救助后对于受助患者和家庭能否承受医疗方面的经济负担，关系到救助的实际效果。

可获得性是指服务的种类和数量能否满足群众的需求程度，被认为是考量可及性的基础性指标（王前、吴理财，2015）。多年来，我国慈善医疗救助和其他救助资源的整合和衔接程度不高，救助工作片面化、碎片化的情况影响受助对象的实际获得感和满意度，影响救助的充分性。现阶段，对体现充分性的可获得性因素的考量，是探究慈善医疗救助可推广、社会认可经验的必要选择。

综上所述，探究慈善医疗救助工作提升的方向在于提高其救助项目的典型性、示范性和社会认可度，以期为降低大病困难家庭负担，减少我国因病致贫、因病返贫的现象，更好地满足大病困难患者及其家庭对于疾病康复美好生活的需要。

三 研究设计

（一）研究方法

根据研究需要，本文拟采用描述性统计分析和定性比较分析方法（Qualitative Comparative Analysis，简称QCA）探究慈善组织参与医疗救助的整体情况和典型路径。

QCA是一种通过跨案例比较，找出不同条件的匹配模式与结果之间的逻辑关系，进而在复杂的多因素组合、共同作用下识别多重条件变量的协同效应的一种研究方法。它强调条件组态对于社会问题结果的作用机制（杨志、魏姝，2020）。相较于传统的案例分析和定量研究，QCA在实证结果的外部推广度、研究问题的理论解释维度方面具有一定的优势（谭海波等，2019）。QCA发展至今，已形成了包括清晰集QCA（csQCA）、模糊集QCA（fsQCA）和多值集QCA（mvQCA）的具体操作方法。由于本研究所讨论路径中的因素可以通过二分变量进行赋值和操作，故选择使用csQCA。

（二）变量的设定

本文根据前文的理论分析框架，结合国家相关政策文件内容，构建条件变量和结果变量模型，以此探讨慈善医疗救助的典型路径，变量设定和赋值情况见表1。

表 1 变量与赋值的设定

变量类型	测量视角	变量名称	操作化定义	赋值说明
条件变量 （解释变量）	救助主体合作	政府部门	项目开展过程中是否有该类型主体实际参与	有 = 1，无 = 0
		非医药企业		有 = 1，无 = 0
		非营利组织		有 = 1，无 = 0
		医药机构		有 = 1，无 = 0
	救助资源可及	可接近性	该项目是否面向特定地区开展	是 = 1，否 = 0
		可承受性	该项目的救助方式是否为医疗资源的直接供给（如提供药品、医疗器械或其他包干治疗）	是 = 1，否 = 0
		可获得性	该项目是否提供除规定的医疗救助外的其他救助	是 = 1，否 = 0
结果变量 （被解释变量）	典型性、示范性、社会认可度	获得慈善奖表彰	是否获得地市级及以上政府部门授予的慈善奖荣誉	是 = 1，否 = 0

1. 条件变量的设定

本研究认为，当前慈善医疗救助体系中掌握救助资源的主体主要包括以政府为代表的公共部门、以慈善组织为代表的非营利部门、非医药企业以及医药机构。在对困难患者实施救助的过程中，各部门围绕患者需求，发挥各自职能，配合和支持慈善组织共同实现对困难患者实施慈善救助的目的。

（1）救助主体合作维度

在这一维度条件变量的赋值方面，如有相应的救助主体实际参与，则该条件变量赋值为 1，否则为 0。在这一过程中，本研究主要通过查看该项目发起方在"慈善中国"网站（http://cishan.chinanpo.gov.cn）或其官方网站、项目主页及当地主流媒体（报纸、广播电视台）及常见权威媒体网站的公开报道中，是否有关于条件变量所涉及的主体参与。具体来讲，对于政府部门变量，通常查看其是否是当地政府协助实施的慈善救助项目；对于非医药企业变量，主要考察其是否受到企业的定向捐赠或企业组织的志愿者服务；对于非营利组织变量，主要查看其项目是否有其他基金会的捐赠或社会组织的物品、人员、信息方面的支持；对于医药机构变量，一般考察是否有定点合作的医院或药品、医疗器械生产方的与项目救助内容紧密关联的医疗物资捐赠。

（2）救助资源可及维度

救助主体的合作为提升整体救助水平提供了物质保障，救助资源的可及性同样关系到相关福利能否公平地惠及困难群体。慈善组织可以根据资源募集情况、救助项目内容和受助患者的实际情况，开展多种形式的救助项目，丰富救助内容，以满足不同类型群体的医疗受助需要，提升救助效率与救助效果。

在可接近性变量方面，本研究将项目救助覆盖范围是否面向特定地区的患者作为测量依据，若面向特定地区，则认为其具有救助针对性、可接近性特征，否则认为其在可接近性方面表现不足。

在可承受性变量方面，本研究将救助方式是否为救助资源的直接供给作为考量可承受性的依据。救助资源直接供给的方式通常包括救助资金直接拨付医疗机构、基本救治工作包干治疗、定向提供药品或治疗所需的医疗器械等。

在可获得性变量方面，为提升救助的充分性，更好地满足困难患者的基本和实际需求，本研究通过对相关救助项目的公开案例中是否有对于患者除基本慈善医疗救助外的其他救助内容来测量其是否具有可获得性特征。

2. 结果变量的设定

本研究将结果变量设定为是否获得地市级及以上政府部门授予的慈善奖荣誉。中华慈善奖是中国慈善领域最高政府奖，旨在表彰我国慈善活动中事迹突出、影响广泛的个人、单位、慈善项目、慈善信托等。自 2011 年以来，全国已有许多省市以政府或民政部门的名义，开展了针对慈善事业的评选表彰活动。通过对多个地市或省级慈善奖的评选表彰办法进行调查，研究发现，我国地市级及以上慈善奖对于慈善项目的评审表彰标准定为"典型性""示范意义""得到社会和群众认可"等。

可以认为，我国地市级及以上的地方慈善奖评选出的慈善项目是在一定范围内具有典型性、示范性和可推广性的救助项目。因此，本研究将是否获得地市级及以上慈善奖作为结果变量，可较有说服力地筛选出典型的慈善案例并讨论其救助路径。

（三）案例的选取

本研究以全国层面的慈善组织参与的医疗救助项目为研究对象。为使研究结论更具有理论和实际意义，本研究选择"中国大病社会救助平台"和"中国慈善信息平台"作为案例项目的主要来源。

在案例选取过程中，本研究遵循了以下原则。

首先，案例的支撑材料具有全面性。本研究所获取的材料基本为二手资料，因此在选择救助项目案例时需要有较为全面的支撑材料，包括项目及其所属机构官方网站、权威媒体公开报道、微博或博客、微信公众号等多种类型的资料。

其次，所选案例具有一定的代表性和丰富性。本研究所选案例在新闻媒体或政府网站得到过广泛关注，同时所选取的项目实施方及救助范围覆盖全国多个省市。

本研究最终选取了其中的135个慈善医疗救助项目作为研究对象，其中72个项目来自中国慈善信息平台，63个项目来自中国大病社会救助平台，参照已有的QCA研究及相关理论文献，案例数量符合QCA对于样本数量的要求。

四 数据分析

（一）样本案例的描述性统计分析

1. 救助主体合作情况的描述性统计

本研究的135个案例中，有125个项目受到了除开展救助项目的慈善组织外的其他救助主体的支持。图 3 以 visual-paradigm 生成的维恩图的形式描述了慈善医疗救助多主体参与的情况。

从总体上讲，慈善医疗救助的参与主体来源比较广泛，医药机构和企业参与度较高。有政府部门参与联合救助的项目不足 30%，不到 50% 的项目为多个非营利组织联合开展的慈善医疗救助项目，80% 的项目与医药机构合作开展救助工作，另有超过 50% 的项目受到了非医药企业的支持。此外，非医药企业和医药机构共同支持的救助项目有 72 个，在 2 类合作主体的项目中占比最高，其次分别是非营利组织与医药机构、政府部门与非医药企业、政府部门和非营利组织。从三类主体共同参与慈善医疗救助看，除政府部门外的其他三类主体合作项目占比最高。在所选案例中，有 10% 的项目同时有政府部门、非营利组织、非医药企业和医疗机构的参与。

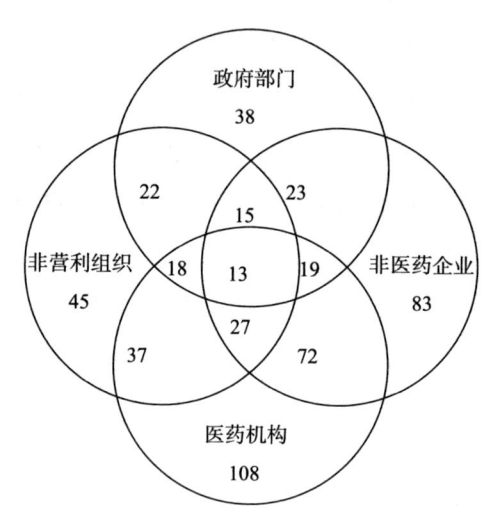

图 3 项目救助主体合作维度样本情况

2. 救助资源可及性描述统计

在本研究所选取的案例中，面向全国和面向特定地区的救助项目各占案例总数的 50% 左右。在为受助患者提供救助的过程中，51 个项目采用医疗资源直接供给的方式对困难患者进行救助，采取事后按比例资助医疗费用的项目有 84 个。而且大部分项目在除对患者实施必要的医

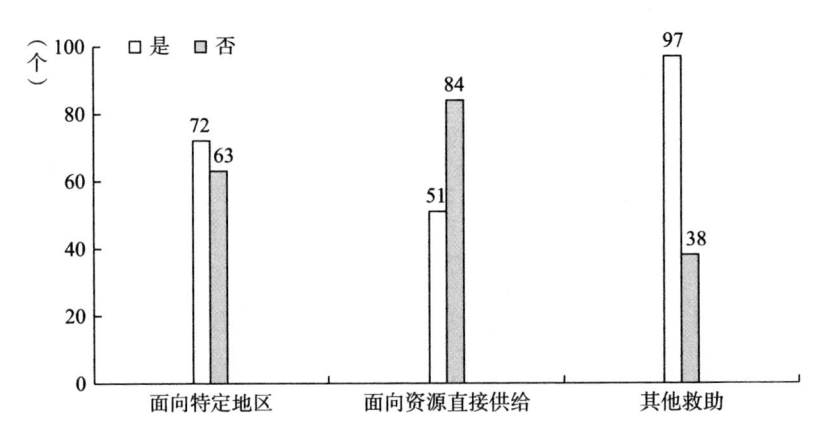

疗救助外，还会对其生活上面临的其他问题进行适当救助（见图4）。

图4 救助资源可及性维度样本情况

3. 救助主体合作和救助资源可及的交叉描述分析

在资源可接近方面，面向特定地区开展的项目中获得其他主体支持的项目多于面向全国的项目。在资源可承受性方面，实行医疗资源直接供给的所有类型参与主体数量均多于采取医疗费用补充报销等其他救助方式的项目。在可获得性方面，没有其他救助内容的项目合作主体数量略高于有其他救助的项目，但在企业参与的项目中，更多地辅之以除医疗以外的其他救助内容（见表2）。

表2 救助主体合作和救助资源可及交叉分析

		政府部门	非营利组织	医药机构	非医药企业	合计
可接近性	赋值=0	23	19	42	27	111
	赋值=1	15	26	66	56	163
可承受性	赋值=0	13	13	33	23	82
	赋值=1	25	32	75	60	192
可获得性	赋值=0	20	18	75	24	137
	赋值=1	18	20	33	59	130

注：本表"合计"列中，因部分救助项目为2个或2个以上种类其他主体的参与，故数量超过135。

（二）单变量必要性分析

在 QCA 运算中，单变量的充分性和必要性分析通常通过其一致性（Consistency）指标来检验，一致性的意义在于检验共有条件（组态）的案例共属是否同一结果，其类似于回归分析中的显著性。一致性的公式可简化为如下形式：

$$\text{Consistency}(X_i \leq Y_i) = \sum [min(X_i, Y_i)] / \sum X_i$$

如果一致性（Consistency）指标大于 0.8，则可认为条件 X 是 Y 的充分条件；如果一致性大于 0.9，则可认为 X 是 Y 的必要条件。在此基础上还可进一步通过覆盖度（Coverage）来判断条件（组态）X 对于结果 Y 的解释力度，覆盖率指标的数值越大，则说明 X 在经验上对 Y 的解释力越大。覆盖度公示如下：

$$\text{Coverage}(X_i \leq Y_i) = \sum [min(X_i, Y_i)] / \sum Y_i$$

经 FMQCA 软件计算，得出模型单变量必要性和充分性计算结果。从表 3 可以看出，条件变量的一致性基本在 0.5 以上，说明所选的条件变量对于结果的产生具有一定的解释力。具体来说，在"救助主体合作"维度的条件变量中，"医药机构"的一致性最高，达到 0.92，可以认为其是结果变量的必要条件；"政府部门"在这一维度的一致性最低，为 0.54。在"救助资源可及性"维度，各变量未达到 0.8，因此该维度没有结果变量的充分或必要条件，需在后文的条件变量组态中进一步探索。

表 3 单变量必要性分析结果

变量名	一致性（Consistency）	覆盖度（Coverage）
政府部门	0.54	0.68
非营利组织	0.71	0.76

续表

变量名	一致性 (Consistency)	覆盖度 (Coverage)
医药机构	0.92	0.41
非医药企业	0.67	0.39
面向特定地区	0.46	0.64
医疗资源直接供给	0.67	0.38
其他救助	0.63	0.79

（三）条件变量组合分析

表4为本研究案例QCA输出的复杂解条件变量组合结果。在条件变量组合中，"*"和"—"都是变量之间的连接符号。其中"*"表示"且"的意思，即需要同时满足该符号所连接的两个条件变量；"—"表示"否"，即该条件变量要求"不存在"。"原始覆盖度"表示该条件组合能够解释的案例比例，可以用来解释该路径的充分性。"唯一覆盖度"表示仅能被该条组合路径所解释的案例比例，通常用来解释条件组合的必要性（张明、杜运周，2019）。

从复杂解来看，模型整体覆盖度为0.77，即所有条件组合能够解释77%的案例；整体一致性为0.97，说明本研究的QCA结果具有较高的解释力度。具体来看，在复杂解的12条条件组合路径中，所有路径的一致性均大于0.85，可以认为各条件组合是结果变量的充分条件。[①] 即各路径均可促使其救助项目取得良好的社会反响、典型性和示范性。

1. 救助主体合作维度的条件组合

从救助主体合作的维度来看，政府部门和非营利组织共同参与医疗救助在各条件组合的占比最高，在12条复杂解路径中，5条存在该组合。此外，医药机构和非医药企业同时出现在联合救助主体中的路径数量有6条，医药机构在条件组合中的比例依然很高，可认为是当前典

---

① 根据已有研究，条件组合是结果变量充分条件的经验临界值通常为0.85。

型医疗救助项目的重要条件之一。从救助主体类型组合的数量方面，参与主体为2类的路径有5条，其中2条路径为"政社"合作型，1条为"政医"合作，2条为"社医"合作；6条路径的参与主体类型为3类，社会和非政府组织的合作特征明显；有1条路径为4类主体均参与的慈善医疗救助类型。从救助主体负向（变量赋值为0）特征的路径来看，路径3和路径7的政府部门变量为否，可认为是非政府组织自主联合的救助项目；路径8为"纯正"的"政社"联合型救助模式；路径11则表现出较明显的"社-医"合作的特征。没有不需要多主体合作的组合路径。

2. 救助资源可及性维度的条件组合

从救助资源可及性维度来看，各类救助方式的组合均占一定比例。面向特定地区并辅之以其他救助的路径组合，所占比例最高，总覆盖率达到0.3。而对于是否含有其他救助的内容，与另外两者的组合要求，未显示较明显的组合差异。

3. 双重维度条件组合路径特征

从条件变量组合路径来看，原始覆盖度最高的两个分别是路径1（0.46）和路径2（0.21），唯一覆盖度最高的为路径2（0.08）。这两条路径组合所代表的救助模式在全部案例中有超过60%的解释力度，因此有必要对这两种条件组合进行解读。

在路径1中，参与主体包括除政府部门外的其他类型主体，民间性特征明显，且有医药机构的专业支持；救助方式要求必须是直接提供医疗资源，但其他两个变量并非必须存在或反向选择。从路径1可以看出，民间主体合作的救助模式，在救助方式的选择方面相对灵活，资源直接供给可提高救助的针对性，有利于救助目的的实现。

在路径2中，各类主体均参与救助工作，各自根据自己的组织特点和掌握的资源，完成对困难患者的救助。这类救助模式，资源募集范围广、协同程度高，因而可以完成面向全国开展相应病种或困难群体的救助工作，救助资源提供方式和是否提供其他救助方面也无必要的要求，可根据救助方案和地区特征灵活掌握。

表4 条件变量组合的复杂解

编号	条件变量组合（路径）	原始覆盖度（Raw Coverage）	唯一覆盖度（Unique Coverage）	一致性（Consistency）
1	非营利组织 * 医药机构 * 非医药企业 * 医疗资源直接供给 * 其他救助	0.46	0.00	0.93
2	政府部门 * 非营利组织 * 医药机构 * 非医药企业 * 面向特定地区	0.21	0.08	1.00
3	—政府部门 * 医药机构 * 非医药企业 * —面向特定地区 * 医疗资源直接供给 * 其他救助	0.17	0.04	0.89
4	政府部门 * 非营利组织 * 医药机构 * 面向特定地区 * 医疗资源直接供给	0.13	0.06	1.00
5	政府部门 * 非营利组织 * 面向特定地区 * 医疗资源直接供给 * 其他救助	0.10	0.02	1.00
6	非营利组织 * 医药机构 * 非医药企业 * 面向特定地区 * 其他救助	0.08	0.00	1.00
7	—政府部门 * 非营利组织 * 医药机构 * 非医药企业 * 面向特定地区 * —医疗资源直接供给	0.04	0.02	1.00
8	政府部门 * 非营利组织 * —医药机构 * —非医药企业 * 面向特定地区 * 其他救助	0.04	0.02	1.00
9	政府部门 * 医药机构 * 非医药企业 * 面向特定地区 * —医疗资源直接供给 * 其他救助	0.04	0.02	1.00
10	政府部门 * 医药机构 * —非医药企业 * —面向特定地区 * 医疗资源直接供给 * 其他救助	0.04	0.04	1.00
11	—政府部门 * —非营利组织 * 医药机构 * —非医药企业 * 面向特定地区 * —医疗资源直接供给 * 其他救助	0.04	0.04	1.00
12	政府部门 * 非营利组织 * —医药机构 * 非医药企业 * 面向特定地区 * —医疗资源直接供给 * —其他救助	0.02	0.02	1.00
整体覆盖度		0.77		
整体一致性		0.97		

注："*"和"—"是两个相对独立的表达符号，结合在一起代表该路径要求该条件变量应取值为0。

五 研究结论与展望

慈善医疗救助工作典型路径的形成，有赖于合作主体和救助资源配给方式的合理搭配。对于救助主体的合作，侧重于考察项目开展过程中有哪些主体参与、主体间如何合作；对于救助资源配给方式，则是要看当前能够促使救助实现良好效果的项目如何使其资源有较高的可及性。已有的研究对此都有过相关的论述，但这都不是单一的变量所能实现的，加之不同类型的主体合作所能动员的资源数量和类型不同，救助主体合作与救助资源可及性的综合性讨论显得尤为重要，而已有的研究对此较少涉及。基于此，本研究从全国层面选取135个案例作为研究对象，对慈善组织参与医疗救助中主体合作与资源可及及其互动所达成的路径进行定性比较分析，对相关因素的组合情况进行探讨。

（一）研究结论

1. 政社合作有利于慈善医疗救助取得良好效果

非营利组织与政府部门的合作有利于促成慈善医疗救助的良好效果，由于发展目标的相似性以及政府部门的公共利益代表的角色，使其与非营利组织更容易达成合作救助伙伴关系。从典型救助路径来看，政府部门和非营利组织联合参与慈善医疗救助的覆盖度达到0.46。就医疗救助的专业性特点而言，医药机构可为其项目的有效开展提供专业保障，加之政府部门一方面加大医疗救助资金力度，另一方面搭建救助资源供需对接的平台，从而能够实现良好的救助效果。

2. 慈善医疗多元救助主体合作框架尚不完善

从QCA路径分析来看，包括政府部门、非医药企业、非营利组织和医药机构在内的多元主体联合程度尚不够高，仅路径2中各类主体均有参与。慈善组织虽然可以动员其他主体参与医疗救助项目，但整体而言，多元救助主体的合作网络尚不健全。慈善组织间的合作说到底是社会组织系统内部的协同，而医疗救助所需的资金、医疗资源、政策支持等则需要其他类型主体的参与和配合。我国有大量的民办非企业单位和草根慈善组织，这些慈善组织在联系广大困难患者、灵活开展救助项目方面具有一定优势，但与其他救助主体的联合和资源动员能力在很多时候尚难以满足其救助目标的需要。

3. 地方性救助项目可促进救助的可及性和可获得性

从分析结果来看，虽然面向全国的救助路径有 3 条，但唯一覆盖度最高路径 2 显示，此救助路径的实现需要众多合作主体的参与。当前，尚有一些欠发达地区的地方病防治工作仍面临较大挑战，故利用地方资源开展的慈善医疗救助项目具有较好的针对性和充分性。从条件组合路径来看，救助范围为面向地方的项目往往有政府部门、医药机构和企业的参与，并结合医疗资源直接、及时供给的救助形式，可以更好地满足救助对象所患病种以及所需救助资源不同所导致的差异化需求，辅之以除医疗救助外的其他救助内容，促进慈善医疗救助项目的可及性。

（二）研究的不足与展望

本研究尝试将合作治理理论和卫生服务可及性理论相融合，以全国 135 个慈善医疗救助项目为研究对象对慈善医疗救助路径进行初步探究，并得出相应结论，但仍存在可提升的方面。第一，本研究使用的条件变量来自抽象的理论构建，部分变量存在难以操作化的困难，故采用代理变量，因而难免存在选择性偏差和对其解释的代表性方面的疑问。第二，医疗救助工作面临病种、治疗资源分布不平衡，以及受助对象甄别困难等问题，本研究仅从救助主体合作与救助服务可及性两个方面探究，难以覆盖救助工作涉及的其他方面。笔者下一步考虑在进一步优化并扩大样本的基础上，借鉴国内外高水平研究的经验，多维度、分病种、分人群对已有结论进行补充和验证。

【参考文献】

毕天云,2009,《试论慈善组织的福利供给》,《云南民族大学学报》(哲学社会科学版)第 6 期,第 49~53 页。

蔡岚、丰云,2014,《ANSELL 合作治理框架与我国区域合作的契合性分析——以长株潭公交一体化为例》,《学术研究》第 9 期,第 58~64 页。

曹刚、李顺求,2008,《社会保障和慈善救助》,《广西民族大学学报》(哲学社会科学版)第 4 期,第 8~10 页。

陈静、董才生,2017,《我国困境儿童救助与保护的模式演变和路径创新——基于多元共治的视角》,《兰州学刊》第 4 期,第 178~186 页。

陈泉辛,2019,《社会救助多元主体的整合路径》,《人民论坛》第 12 期,第 74~75 页。

陈岳堂、颜克高,2007,《非营利组织的社会职能与社会主义和谐社会的构建》,《中国行政管理》第 4 期,第 65~67 页。

高静华,2018,《北京市慈善力量参与社会救助的经验、问题和建议》,《中国民政》第 3 期,第 30~32 页。

顾昕、高梦滔、张欢,2006,《医疗救助体系与公立医疗机构的社会公益性》,《江苏社会科学》第 3 期,第 83~87 页。

国家卫生健康委统计信息中心,2018,《中国卫生健康统计年鉴(2018)》,https://www.yearbookchina.com/navibooklist-n3018112802-1.html。

郭小聪、文明超,2004,《合作中的竞争:非营利组织与政府的新型关系》,《公共管理学报》第 1 期,第 57~63 页。

何兰萍、陈通,2005,《关于当前发展慈善事业的几点思考》,《社会科学》第 8 期,第 74~79 页。

何兰萍、王晟昱、傅利平,2018,《合作治理视角下慈善组织参与尘肺病医疗救助模式研究——基于双案例的比较分析》,《社会保障研究》第 5 期,第 73~86 页。

贾维周,2008,《我国城市医疗救助制度的现况与对策研究》,《人口与经济》

第 1 期，第 61～66 页。

李健、陈淑娟，2017，《如何提升非营利组织与企业合作绩效？——基于资源依赖与社会资本的双重视角》，《公共管理学报》第 2 期，第 71～80 页。

李敏，2016，《社会救助政策"碎片化"表现及其整合》，《人民论坛》第 8 期，第 141～143 页。

梁土坤、尚珂，2014，《青岛模式：罕见病医疗保障制度的实践与展望》，《社会保障研究》第 3 期，第 64～73 页。

廖静如，2014，《政府与民间慈善组织的资源依赖关系研究——以对孤残儿童的救助为例》，《兰州学刊》第 7 期，第 124～130 页。

林闽钢，2013，《底层公众现实利益的制度化保障——新型社会救助体系的目标和发展路径》，《人民论坛·学术前沿》第 21 期，第 88～94 页。

刘凤、傅利平、孙兆辉，2019，《重心下移如何提升治理效能？——基于城市基层治理结构调适的多案例研究》，《公共管理学报》第 4 期，第 24～35 页。

刘琼莲，2018，《慈善共治视域下发展我国残疾人慈善服务研究》，《中国矿业大学学报》（社会科学版）第 4 期，第 46～60 页。

麻宝斌、杜平，2019，《医疗卫生服务可及性如何影响民众的公共医疗公平感——基于七省市问卷调查数据的分析》，《甘肃行政学院学报》第 1 期，第 56～63 页。

马静，2012，《公共服务均等化条件的城乡社会救助趋势》，《改革》第 12 期，第 145～149 页。

母睿、贾俊婷、李鹏，2019，《城市群环境合作效果的影响因素研究——基于 13 个案例的模糊集定性比较分析》，《中国人口·资源与环境》第 8 期，第 12～19 页。

宋忠伟、于珊，2018，《慈善组织参与社会救助的困境及对策》，《人民论坛》第 10 期，第 84～85 页。

孙婵、陈云良，2019，《医疗救助制度立法生成的理论逻辑》，《社会科学家》第 4 期，第 104～112 页。

孙菊、甘银艳，2015，《慈善医疗救助发展的现状、问题与对策》，《社会保障研究》第 2 期，第 69～75 页。

孙远太，2015，《政府救助与慈善救助衔接机制构建研究——基于整体性治理视角》，《中国行政管理》第 8 期，第 52~56 页。

谭海波、范梓腾、杜运周，2019，《技术管理能力、注意力分配与地方政府网站建设——一项基于 TOE 框架的组态分析》，《管理世界》第 9 期，第 81~94 页。

唐果、贺翔、敖丽红，2017，《企业参与社会救助：影响因素与政策启示——基于浙江省 11 市的调查》，《中国行政管理》第 9 期，第 116~120 页。

王辉，2014，《合作治理的中国适用性及限度》，《华中科技大学学报》（社会科学版）第 6 期，第 11~20 页。

王前、吴理财，2015，《公共文化服务可及性评价研究：经验借鉴与框架建构》，《上海行政学院学报》第 3 期，第 53~59 页。

王志成、郭岩，2019《中国县级医疗卫生服务地理可及性的公平性分析》，《中国卫生政策研究》第 9 期，第 60~65 页。

魏娜、郭彬彬、张乾瑾，2017，《协同治理视角下基金会开展儿童医疗救助研究——基于 Z 基金会 J 项目的案例分析》，《中国行政管理》第 3 期，第 38~43 页。

温来成，2006，《城镇弱势群体救助体系与政府财政制度安排问题研究》，《中央财经大学学报》第 7 期，第 6~8 页。

项国鹏、娄淑珍、王节祥，2019，《谁更受青睐：创业企业融资可获得性的定性比较分析》，《科学学研究》第 9 期，第 1642~1650 页。

谢宝剑、陈瑞莲，2014，《国家治理视野下的大气污染区域联动防治体系研究——以京津冀为例》，《中国行政管理》第 9 期，第 6~10 页。

谢勇才、丁建定，2015，《从生存型救助到发展型救助：我国社会救助制度的发展困境与完善路径》，《中国软科学》第 11 期，第 39~49 页。

徐爱军，2011，《基于内容分析法的我国公立医院社会责任行为表现探讨》，《南京社会科学》第 4 期，第 146~151 页。

徐家良、王昱晨，2019，《中国慈善面向何处：双重嵌入合作与多维发展趋势》，《华南师范大学学报》（社会科学版）第 6 期，第 125~133 页。

许琳、薛许军，2002，《论我国社会救助的多元化主体，《中国软科学》第 8 期，第 40~43 页。

杨波、陈伟、杜婉月、王洪振，2019，《医疗精准扶贫：政府主导下的"126"模式》，《东南大学学报》（哲学社会科学版）第 2 期，第 92~103 页。

杨柯，2015，《社会组织间自合作成功的关键因素探讨——以"5·12"汶川地震陕西 NGO 赈灾联盟为例》，《中国行政管理》第 8 期，第 66~70 页。

杨清红，2012，《农村医疗卫生服务的可及性研究——基于 CHNS 数据的实证分析》，《暨南学报》（哲学社会科学版）第 8 期，第 82~88 页。

杨志、魏姝，2020，《政策爆发生成机理：影响因素、组合路径及耦合机制——基于 25 个案例的定性比较分析》，《公共管理学报》第 2 期，第 14~26 页。

张明、杜运周，2019，《组织与管理研究中 QCA 方法的应用：定位、策略和方向》，《管理学报》第 9 期，第 1312~1323 页。

赵海林，2016，《慈善组织参与社会救助的思考》，《人民论坛》第 34 期，第 58~59 页。

郑晓齐、宋忠伟，2019，《我国慈善组织参与社会救助论析》，《吉林大学社会科学学报》，第 4 期，第 104~111 页。

Ansell, C and Gash, A. 2008. "Collaborative Governance in Theory and Practice." *Journal of Public Administration Research & Theory* 18 (4): 543–571.

Haiyun Chen, Ting Zhu, Jiazhen Huo and Habisch Andre. 2020. "Co-governance of Smart Bike-Sharing Schemes based on Consumers' Perspective." *Journal of Cleaner Production* 260: 1–8.

Holmes, S. and Smart, P. 2009. "Exploring Open Innovation Practice in Firm-Nonprofit Engagements: A Corporate Social Responsibility Perspective." *R&D Management* 39 (4): 394–409.

Newig, J. Challes, E. Jager, N. W. Kochskaemper, E. and Adzersen, A. 2018. "The Environmental Performance of Participatory and Collaborative Governance: A Framework of Causal Mechanisms." *Policy Studies Journal* 46 (2): 269–297.

Pechansky, R. and Thomas, W. J. 1981. "The Concept of Access: Definition and Relationship to Consumer Satisfaction." *Medical Care* 19 (2): 127–140.

城市社区网格化治理的共同生产

——以 S 市 W 区为例*

涂譞**

摘　要：网格化治理是近年来我国政府在城市社区推动的治理变革。本文聚焦城市社区网格化治理议题，选取江苏省首批创新实践社区网格化试点的 S 市 W 区作为案例研究对象，分析城市社区网格化治理过程中的主体间互动关系，探索共同生产的制度保障与社会基础。研究认为，行政性社区向合作性社区转变是共同生产得以生成的制度基础，城市社区共同生产是行政权力与社会力量达成平衡状态前提下，政府与社会协同共治的结果。研究发现，当下城市社区治理中的共同生产并未完全实现，未来行动应当更多关注如何激发有效持续的社会参与，促进基层社会共治。本文最后提出相应的理论思考。

关键词：城市社区　网格化治理　共同生产

---

* 基金项目：南京市社科基金重大项目"深化南京创新名城建设的政策创新研究"（项目编号：18QA01）。

** 涂譞，江苏行政学院公共管理教研部讲师，香港城市大学公共政策系博士，主要从事公共服务、社会组织等方面的研究，E-mail：vivianpink912@163.com。

一　问题的提出

党的十九大报告提出要打造共建共治共享的社会治理格局，目标是实现多元主体共同参与公共事务的治理格局。在世界范围内，全球化推动了国家治理体系的调整，也深刻影响着政府治理的发展与实践。在国家与社会、市场关系不断演化的时代场景下，治理成为各国公共管理改革的主旋律。治理理论内涵融合了多元主体视角，强调不同的制度安排在治理系统中的运用，这些制度从横向和纵向两个维度将各类行动主体囊括其中并实现相互连接（Ostrom，1996）。推进国家治理体系与治理能力现代化需要在创新社会治理中实现，而创新社会治理离不开主体间的互动合作。过去几十年，市场化改革激发了社会活力，与之同步发展的社会力量正不断推动多元主体共治格局的形成。总体上，协同治理已成为当代中国重构政府与社会关系的现实选择（郁建兴、任泽涛，2012）。

从国家层面看，改革开放成就了中国经济的飞速发展，转型过程中实现了经济增长与社会进步。改革开放过程中经历的产业升级和结构优化同时也在重塑中国的社会形态。如今，全面深化改革深入推进，发展过程中出现的各类问题如公共服务短板、生态环境污染、城乡二元体制弊端等时刻考验政府的治理能力。在此过程中，既得利益主体之间的结构调整问题凸显，因而多元主体共同治理的制度安排已经成为深化中国改革的必然选择（王名、蔡志鸿、王春婷，2014）。具体而言，持续性的行政改革正在加快推进政府职能转变和简政放权，为市场发挥决定性作用释放空间。同时，市场在资源配置中决定性作用的发挥要求政府减少对微观事务的干预，尊重市场规律，恪守行为准则。过去几十年改革的一个重要结果是社会组织正在不断发展壮大，其作用在城市治理、购买服务、志愿服务、政策倡导等治理实践中得到体现（王浦劬，2015；吴新叶，2018；徐家良，2012；杨佳譞、孙涛，2019）。

随着社会发展日益成熟，各类社会组织不断涌现，其参与能力也在相互构建的网络体系中不断提升，并成为基层社会治理的重要力量。没有好的基层社会治理结构，宏观层面的现代化社会就难以实现（邹农俭，2016）。近年来，我国基层社会出现了一种名为"网格化管理"的新型治理模式（刘安，2014）。网格化社会治理主要依托街道和社区两个治理层次，将其划分为若干网格单元，以实现基层社会治理的精细与高效。本文选取江苏省首批创新网格化社会治理试点城市 S 市 W 区作为研究对象，运用共同生产的理论视角，分析城市社区网格化治理过程中主体间互动关系，从制度保障与社会基础两个维度探讨共同生产过程，进而讨论网格化社会治理的运行效果与政策启示。

二 文献回顾

共同生产（co-production）是公共服务理论与实践的新发展，为构建政府与民众共同参与的公共事务提供了一个新的理论视角。共同生产是公共服务供给的重要制度安排，是实践国家与社会之间协力关系和资源整合的重要策略（朱春奎、易雯，2017）。共同生产正是致力于公共服务供给的政府投入与公民活动的混合（Brudney and England，1983；Levine and Fisher，1984；Bovaird，2007）。在以服务为主导的新公共治理框架下，政府与公民的关系不再是提供方与接收方，而是共同生产者（co-producer）。共同生产中创造的价值不同于个体偏好选择而生成的个体贡献，而是基于政府与公民的联合行动，从而创造出属于政府与公民之共性的公共价值（Osborne et al.，2013）。概括起来，共同生产理论经历了如下两个重要发展阶段。

第一个阶段，20 世纪 70 年代。共同生产的概念最早由埃莉诺·奥斯特罗姆（Elinor Ostrom）使用，意为公共服务的生产中非同一组织中的生产者共同投入生产过程中（Ostrom，1996），旨在回应当时政府主导城市服务，力图建构一个公民与政府共同参与服务的理论框架。此后十年，学者们围绕共同生产的内涵和分析框架、成效和意义等问题展开了讨论，推动了共同生产理论的发展（Brudney，1984；Percy，1984；Alford，2009）。

第二个阶段，21世纪以后。进入21世纪，共同生产理论重新回归研究者视野并成为新公共治理的重要内容。一些西方国家如英国、芬兰、瑞典等，将共同生产理论运用到警察服务、教育服务和社会福利等政策领域的公共服务改革实践中，政府通过与社区、民众和社会组织建立共同计划（Loeffler and Bovaird，2016）、共同管理（Pestoff，2006）和共同创造（Alford，2016）等机制，在一定程度上优化了公共服务提供方式，产生了积极的政策效应。上述实践突破了公共服务只关注政府供给的研究范畴与政策传统，为公共服务提供方式多样化提供了现实依据。

本质上，共同生产是"公共服务使用者在服务设计、管理、提供或评价中志愿性或非志愿性地参与"（Osborne，2013）。换言之，共同生产指向的是公共服务提供的全过程，包括服务的设计、生产、供给、管理和评价等环节。从总体上看，公共服务共同生产研究聚焦社会转型与新公共治理，经历了沉寂和复苏两个主要阶段，研究重心从公共服务共同生产的概念诠释、理论变迁转向类型学分析与实证研究（Nabatchi et al.，2017；Eijk and Steen，2016）。这些研究从公共服务的形式与内涵、核心与价值等方面重述了公共服务的本质特征，认为需要建立不同主体形成的多种机制安排以打破公共服务提供唯政府或唯市场的局限性，提出重拾共同生产作为公共服务系统核心的理论判断。

概括起来，共同生产理论研究所形成的主要观点是：第一，共同生产指向的是政府与公民联合行动，体现的是政府与公民之间的合作关系，是公民主动直接参与服务的过程，通过知识（knowledge）、资源（resource）或能力（capability）方面的积极贡献，提升公共服务绩效。第二，共同生产是公民主动参与公共服务活动的行为，体现的是服务主导的治理逻辑。第三，共同生产能够创造公共价值（public value）。共同生产中创造的价值在政府与公民联合行动中产生，有别于个体选择所做出的个人贡献。

通过以上研究综述可以发现，在治理场域中，政府与公众及其他社会主体的关系不再是单一的管理与被管理关系，而是一种新型公共事务协同共治网络。这一关系网络的形成涉及广泛复杂的政治过程，结果是政府与公众最终达成一致，建立互信机制，共同生产出社会需要的产品和服务（王学军、韦林，2018）。由于我国基层治理体系长期以来重"管治"而轻"服务"（吴理财，2009），面向公众提供高质量服务的短板日益凸显，一些地方政府的公共服务职能不断弱化，服务提供与需求期待不匹配，网格化的出现在一定程度上是地方政府为应对上述问题而做出的政策选择。随着全面深化改革的持续推进，政府正逐渐让渡更多职能于市场和社会，三者的关系也将在这一不断赋权的过程中得以重塑，以上条件共同构成了共同生产的社会基础。一方面，中国语境下的共同生产需要确认社会组织主体性问题，这是决定其能否有效履行社会管理职能的关键因素。实践表明，通过改革双重管理模式，积极探索政府向社会组织购买服务并加强制度建设能够突破社会组织面临的体制性障碍（葛道顺，2011）。同时，社会组织必须具备一定自主性，方能有效承担公共服务职能，并参与不同形式与层次的协商民主进程中（徐家良、张其伟，2019）。这为共同生产在社会治理中的实践奠定了现实基础。另一方面，社会治理中实施共同生产不能离开党的领导，在发挥政府主导作用的同时需鼓励社会力量的积极参与（陈义平，2017）。

共同生产如何落地城市社区治理？国家治理现代化的目标为城市社区治理提供了理论基石。实证研究表明，重视并支持社会组织发展给国家治理带来的深刻变化，对推进社会主义建设具有重要意义（吴结兵、沈台凤，2015；徐家良，2017）。在中央政策指导下，地方政府加快了创新基层社会治理的进程，在激发社会活力方面取得了初步成效。社会组织参与公共事务管理即为共同生产的社会基础。这是因为社会组织在全面深化改革的新阶段必然需要承担相应的社会职能，是国家治理现代化的主体之一，是社会管理与公共服务的共同生产者，也是通向良序社会的重要通道（马庆钰、贾西津，2015）。同时，政府与社会关系不断优化的发展态势为社会组织发展提供了制度保障。其中最为重要的是社会组织合法性的增强，具体表现在党和国家的政策文件越来越多地肯定社会组织的作用，一些地方政府也对社会组织合法性给予肯定（敬乂嘉，2016）。这一变化表明，人口老龄化、城乡差距等社会问题需要专业且有能力的社会组织共同参与公共服务提供。相应的，共同生产理论强调公民在公共服务提供中的积极贡献，认为公民权利意识的增强和个人能力素质的提高是公众参与公共事务的重要动因（Alford，2009；Eijk and Steen，2016）。如果没有公众参与，社会治理将缺乏重要的行动主体，也很难实现实质意义上的治理目标（朱江丽，2017）。因此，网格化的出现具有必然性，即按照服务集成与流程再造的制度设计以推动政府与社会形成治理合力，实现协同共治的治理愿景。这其中，公共服务应当成为网格化的核心位置（姜晓萍、焦艳，2015）。唯有激发社会力量参与服务，加强能力建设，并将其纳入网格化的社会治理体系结构中，才有可能真正实现民众与社会组织的主体地位，构建共同生产的社会治理新格局。

综上，既有研究提供的启发是：在社会转型背景下，建立共同生产机制将可能成为优化公共服务供给的重要方向。通过对既有研究的综述发现，现有研究成果具有如下两个特点：其一，从研究内容看，多数成果围绕共同生产的概念及类型进行了较为充分的阐释与讨论，而关于共同生产在实践中的生成机制研究尚显不足；其二，从研究方法看，现有研究多为规范性论述，对不同政策环境下公共服务提供新方式，尤其是在探索由政府主导提供向共同生产转化路径方面的实证研究较少。基于此，本研究发展出的理论判断是，作为公共服务提供的新机制，共同生产通过参与主体和职能的优化以实现公共服务主体结构重组，最终实现社会治理的目标理性。

三 研究方法与案例描述

基于共同生产理论视角，本文对江苏省 S 市 W 区网格化社会治理过程进行分析，探讨共同生产的制度保障与社会基础。与其他研究方法相比，个案研究有其优势，即能够推动知识产生与理论发展（Yin，1981）。在一些情况下，具有典型性和代表性的个案能够提高研究结论的可外推性（王宁，2002）。本文所运用的案例分析材料来自课题组 2019 年 4~5 月在江苏省 S 市 W 区所做的田野调查，通过访谈相关利益主体并辅助参与式观察的方式，获取第一手调研资料。访谈部门包括区委政法委、区联动中心、区城管局、开发区政法办和区委党校。访谈对象主要为区联动中心负责人、区委政法委负责人、区城管局负责人、开发区政法办部门负责人、社区书记、网格员等（文中做匿名处理）。除访谈资料外，本文还采用了政府政策文件、政府官方网站信息，充实资料的丰富性，最大程度地还原案例的发展过程，以此探讨网格化社会治理中共同生产的过程及效果。

S 市 W 区经济发达，其丝绸、电缆电力等是该区特色支柱产业并吸引众多工业企业落户投资。随着城镇化发展的日渐深入，W 区在城市管理、公共服务、社会治安等领域出现了新的问题。为有效应对上述问题，该区主动作为，将省、市两级网格化社会治理进行试点，融合全省镇域综合治理体制改革试点，集成推进网格化治理、联动指挥平台开发与综合执法体制改革。2015 年，S 市 W 区启动了联动指挥机制的建设工作。2016 年底，W 区建设了江苏省第一家社会综合治理联动中心，以重构基层网格为突破口，吸纳不同主体共同参与公共服务，创新社会治理。2017 年 7 月，W 区借助"试点地区"这一政策优势进行社会治理的顶层设计，构建"两纵四横一平台"，推进社会治理联动机制建设。同年，该区联动指挥中心整合了 24 条政府服务热线，分流非警务类事项处理。由此，W 区已经形成区、镇、村（社区）、基层四级网络，试图以"全要素进网格"的方式推进社会治理精细化，为公共服务的共同生产提供了实践前提，为实现政府从管理向服务的职能转变奠定了制度基础。基于这一政策框架，网格成为社会治理的最小单元，是共同生产的基础性平台。在 W 区，原来各部门的基层网格员重新被配置到每个网格中担任巡查员，负责信息采集、村（社区）日常事务、安全排查、突发事件上报、环境污染问题上报等任务。自网格化社会治理实施以来，该区相继出台《全力打造共建共享共治善治标杆三年行动计划》《关于加强网格化社会治理联动机制下公安管控要素嵌入融合的指导意见》等一系列政策文件，规范网格化管理各个环节，在推进"小网格、大联动"的治理实践中夯实共同生产的社会基础。

四 "网格"中的共同生产：制度保障与社会基础

S 市 W 区网格化社会治理从推行以来实践时间并不长，虽然无法全景式呈现城市社区治理中共同生产的生成机制，但是经过多次探索，W 区社会治理已经从被动摸索进入主动治理阶段，这一过程对于夯实共同生产的制度基础起到了至关重要的作用。本质上，网格化治理建立在多中心、协商民主与社会资本等理论基础上，强调一种互助合作的关系网络（王雪竹，2020）。在这一关系网络中，各参与主体应当平等交流，通过资源与信息互通实现社会治理目标。与管理不同，网格化社会治理中的共同生产强调将所有资源人力纳入网格，激发利益相关者的主动参与，通过大数据平台以应对复杂且不确定的社会环境，在网格化的治理形态下重塑组织与个人行为，最终实现社会治理创新。基于这一新型治理架构，网格中的共同生产不仅关乎技术手段的有效利用，同时涉及服务过程及治理结果的价值关切。在如何看待网格化这一新型社会治理方式问题上，不同利益相关主体均表达了自己的见解。区联动中心副主任 Z 先生谈道：

说实话,我觉得"网格化"的关键就是两个字——"共治"。首先部门要参与进来,不是说你扔个东西或(事情)进来就是参与了,网格化的目的就是实现精细化的管理,管政府的人,包括临时工、正式工,促进他们依据自己的本职来履职尽职。(访谈记录,编号:SWL20190506)

同时,区政法委副书记 S 先生认为,网格化社会治理的价值导向实际上决定了执行层面的操作流程及最终的治理效果。

像有的省份,是民政主导的网格化,民生服务就做得很好,全生命流程、生命周期的一些民政类的服务在网格中就做得特别好,所以牵头方很重要。(访谈记录,编号:SWS20190506)

故而,网格化社会治理绝不是"新瓶装旧酒",而是需要集合不同部门和不同利益群体的参与和贡献,通过职责的优化配置实现共同治理。基于服务主导的社会治理逻辑,无论是民生事务还是企业服务均被纳入网格中,因此,网格化的有效运行必然需要政府与社会共同协作,在充分了解公众需求的基础上共同生产出高效优质的公共服务。由此,本文得出的一个基本判断是,网格化社会治理为公民及其他社会组织融入共同生产提供了制度保障与参与基础。正如 W 区智库专家 X 先生所言:

在我们国家的社会综合治理(中),网格员最终需要发动老百姓参与,这是我的一个观点。如果完全依靠政府,老百姓没有积极参与的话,那么事情会很难办,但是发动老百姓参与不是一朝一夕就能解决的。原先的参与是一种被动的参与,是等着政府来管,现在是想主动地参与一些事项的管理,包括小区的管理、村一级的管理,这是每个网格的作用,是保一方平安。如何发挥社会组织的作用是我们要思考的,不能一味地依靠政府,政府也要管,但主要是发挥引导、督促和促进的作用，更多地需要老百姓的参与，这才能真正体现党的十九大提出的共建共享共治的根本目的。（访谈记录，编号：SWD20190422）

调研发现，网格化的实施被视为基层权力下沉的一种行政实践在利益相关主体间已经达成共识，然而在政府管理与社区自治的有机衔接方面依然存在张力。进一步来讲，公共服务共同生产的生成机制尚未完全建立。与之紧密相关的问题是：一方面，如何平衡政府权力与社区活力，形成多主体投入共同生产的行动合力；另一方面，如何有效管理共同生产使之持续演进，从而提升政府治理绩效。党的十九届四中全会提出要完善"党委领导、政府负责、社会协同、公众参与、法治保障"的社会治理体制，这要求在社会治理领域要实现由单一主体向多元主体有序协作的转变。网格化治理的实施，应当促成政府与社会的行为互动，将相关主体纳入社会治理体系，明确党组织、政府、社会组织、企业和民众之间的权责利边界，同时释放并激发社会活力，为共同生产创造更多的社会空间。谈及共同生产的社会基础时，区联动中心负责人认为，基层社会治理需要更多志愿者参与，整合社会组织的力量，才能形成真正的"共"。

（一）共同生产的制度保障：行政性社区向合作性社区转变

推进网格治理除了要整合政府部门职能外，更为关键的是要激发居民参与社会治理。这是因为城市社会邻里关系与居民信任治理间具有较高相关性，基层网络的实施能够提升社区之间的组织联系（刘春荣，2007）。在计划经济体制下，以单位制为主的基层管理结构在一定程度上束缚了社会力量的生长。由于行政权力主导城市管理的各个环节，整个基层社会处于严格受控的状态（张嘉欣、陈红喜、丁子仪，2020）。进入20世纪90年代，随着城镇化的深入推进，以房屋产权为载体重新构建了我国的城市社区关系，物业公司和业主委员会逐渐成为社区治理结构的主体（陈家喜，2015）。由此，城市社区迈向多元合作的治理形态。

多元合作是"共建共治共享"社会治理格局的实践过程，表现为以社区党建为统领的"多位一体"的社区合作治理机制（张传勇，2019）。多元合作是共同生产的重要形式，是不同主体合力行动的过程体现。从目前来看，W区在过去几年的网格化实践中已经形成了"两纵四横一平台"的基层治理格局，即联动指挥中心四级架构和区、镇综合执法两级架构，区、镇、村（社区）、基层四级网络和社会综合治理网格化信息这一平台。基于这一全新的治理架构，社区公共事务诉求都能够在信息平台得以体现，网格员发现问题并按时上报，提交职能部门进行回应并处理。社区居民提出诉求、网格员发现上报问题、职能部门认定回应问题、多部门协作处理问题是网格化治理的关键要素，并构成不同主体共同参与的必要条件。然而，共同参与是否必然实现共同生产？从W区的实践来看，网格化的制度框架能够将不同主体纳入社会治理的公共场域，这在一定程度上生成了共同生产的制度要素，难点在于这些主体如何发挥作用并最终构建共同生产机制。对此，区政法办副主任S先生说：

> 所谓的网格化治理，我们要（做到）共建、共治、共享。大家都愿意共建，但是共享和共治达不到，现在很多（社区）都达不到。网格化治理不是网格员治理，只依靠网格员（是不够的）。其实什么都往网格里推是对的，但是推的人要把责任也推进去，而不是把任务推进去，部门责任不能让网格员承担。（访谈记录，编号：SWS20190422）

（二）共同生产的社会基础：政府独家供给向社会参与转变

无论是公共政策还是公共服务，其执行和提供效果都要倚赖公众的共同生产，本质上都离不开公众参与（李华芳，2020）。网格化社会治理本质上需要集成现有服务，打通政府部门单一式管理的路径依赖，基于权责明晰标准并借助数据共享实现协同治理。有效的网格化治理离不开政府与社会共同生产。一方面，网格中的共同生产要求整合现有信息资源，将社区管理中的大小事务融入网格，为共同生产提供参与平台；另一方面，网格中的共同生产需要激发居民参与热情，将公共服务置于社会治理的核心位置，强化网格的服务属性而非管制功能。因而，网格化在社会治理的具体事务执行中应当作为一个集成系统存在。这个集成系统不仅包括政府部门，还应当吸纳社会力量，鼓励社区参与，在日常社区管理与服务提供过程中不断形塑共同生产行为与形态。然而，共同生产不会凭空而生，居民参与也并非都是主动而为，根本上需要依靠制度设计与政策倡导的共同作用来推动。W区的实践表明，社会力量的生长是一个漫长而曲折的过程，离不开党委政府的积极引导，更倚赖社区自治的良序发展。调研中，W区综合执法队长Z先生说：

> 网格化社会治理也需要从社会方面来考虑，目前我们的社会网格治理，从专业网格治理（来看）的话，往往还是从政府部门的角度考虑，没有考虑到社会化、吸引更多的社会参与的问题。新闻报道说我们也在做，在推进治理的时候，我觉得还是有很大的空间，比如推进一些志愿服务，河长制、保护母亲河等这些活动都是可以推进的，这也是体现社会参与度的方法。（访谈记录，编号：SWS20190506）

有效的共同生产不仅需要制度保障，同时也离不开反复实践。正视基层治理现实，才能找到解决问题之道。W区联动中心网格管理科科长J女士说：

> 有关具体的方法，我觉得要明确一个牵头部门，然后进行专题

调研，比如要解决网格长和网格巡查员的沟通问题，明确了责任单位之后，他们就要出一个调研队伍跟民政部门进行对接，跟村社区网格长、网格员和居民进行座谈，讨论怎样的模式可以使工作更顺畅。（访谈记录，编号：SWJ20190506）

由此看出，共同生产是组织行动与个人行为紧密互动的过程。这个过程需要以治理制度和行动来重构"社区"这一社会系统，其核心关切指向制度与生活，且两者的生产机制及逻辑关系的建构需要受到个体化发展的深刻影响（徐建宇，2020）。网格中共同生产的实施需要在组织绩效与个体生活中找寻平衡，并将社区居民的诉求与期待纳入日常管理与服务供给过程中。这有赖于将社区与居民参与嵌入社区网格中，且在可持续的服务过程中形成共同生产机制。在创新社会治理的话语背景下，网格空间的诞生呼唤基层社会的主动参与，同时又存在削弱社区自治能力的可能（田毅鹏，2012）。这其中，如何应对行政力量的强化与社区自我管理的弱化将直接影响共同生产的效果。共同生产的实现有赖于社区内生动力的发挥，通过居民参与提高公共服务质量。因此，有效的共同生产必须在政府与社会之间达成平衡，在政府部门、社会组织、社区居民等不同参与主体的力量集合中构建组织行动与个人行为有机融合的社区共同体。调研结果显示，当下的城市社区正在发生一些重要改变，如何吸引更多社会参与，鼓励其承担更多公共服务职能已成为不同主体的共同期待。在现阶段社会参与尚不充分的情况下，共同生产机制嵌入网格化能够为社区治理的多元参与提供可能。进一步来讲，社区及居民都有可能成为共同生产的倡导者与行动者。正如区联动中心副主任Z先生所言：

实际上就是社会的自治，自治组织要发挥它们的作用；还有一个就是，有些自治层面的就交给老百姓解决，政府不要管太多。（访谈记录，编号：SWZ20190506）

五 结论与讨论

通过对 S 市 W 区网格化社会治理的图景描述，本研究认为，网格化情境下的共同生产在执行中需要借助制度与行动重塑社区形态以顺应"协同共治"的治理趋势。本研究指出，不同主体在网格化的制度设计之下的共同生产形态由组织与个体的互动关系决定。在此过程中，城市社区利益相关者的诉求表达与主动参与能够重塑主体间关系，并最终影响共同生产结果。研究结论表明，网格化的运用在一定程度上创造了政府与民众共同生产的制度空间，并在不断孕育共同生产的实践土壤，为推进基层社会的协同共治提供了现实可能。在实现共同生产"共"的方面，社区作为自治性共同体需要明确自身的责任、义务与道德规范，在公众参与公共事务的治理中构建合作、对话、信任以及问题消解机制（陈辉，2018）。

经由案例剖析，本研究从制度保障与社会基础两个维度探讨了城市社区共同生产的执行过程及实施效果，以推进共同生产在中国社会治理情境下的实证研究。研究发现：第一，行政性社区向合作性社区转变是共同生产得以生成的制度基础，网格化为不同主体协同共治搭建了平台，当组织行为与个体行动实现有效互动时，共同生产需求才有可能落地为政策实践，从而形成更广范围的社会参与；第二，城市社区共同生产是政府作为与社会参与共同作用的结果，体现的是行政权力与社会力量达成平衡的治理状态。本研究进而得出的结论是，当下城市社区共同生产状态并未完全实现，实践中还存在合作机制尚不健全和社会参与仍不充分的现象。与此同时，网格化实践也体现出社区治理整体性与个体行为差异性之间的矛盾张力：一方面，网格化需要整合现有资源，厘清各职能部门责任以实现"有的放矢"；另一方面，个体行为在嵌入网格过程中必然会面临偏好与选择的再确认。因此，未来行动应当识别不同参与者的需求偏好，界定共同生产的不同类型，继而建立不同政策情境中共同生产的实现机制，从而促进基层社会共治。

在回应理论方面，本研究试图在如下方面做出努力。一是将共同生产理论引入中国社会治理情境，尤其是探讨基层治理中实现不同形式共同生产的可能性及其产生的政策效应。综上，这项质性研究在一定程度上丰富了共同生产在中国基层社会治理中的内涵与特征，为理解共同生产在本土情境下的生成过程提供了实证依据。二是为理解政府与社会关系提供了一个新的研究视角，从服务主导的逻辑剖析政府与社会如何形成共同生产机制以及在此过程中产生分歧和冲突的深层次原因。未来研究需要结合共同生产理论与我国社会实践（张云翔，2018），在发展理论的同时持续提升实证研究的质量。

不可否认，城市社区网格化治理实践存在局限，共同生产也并非灵丹妙药。具体而言，一是网格化社会治理在推进政府部门协作共治的同时应当拓宽居民参与空间：一方面，政府各部门职能归属与作用发挥不应当在"网格"中被弱化；另一方面，网格化需要借助"共同生产"这一新型治理策略在城市社区得以实施，尤其要吸纳社会组织和社区居民主动参与公共服务并所有贡献，构建政府与社会共治的治理格局。二是网格化治理实践不应当强化政府行政权力在城市社区事务管理中的主导，而应当激发社会力量参与公共事务的自觉，并在可持续的互动关系中实现公共服务的共同生产。在共同生产的政策情境中，网格化社会治理将在何种制度安排与政策设计框架下实现"共建共治共享"的治理目标，值得进一步研究。本文亦有局限，未来研究需要进一步拓宽案例选择范围，比较共同生产在其他政策环境下的生成方式与实施效果的异同，为创新我国社会治理提供有益指导。

【参考文献】

陈辉，2018，《中国城市基层治理研究：范式转型与善治逻辑》，《上海行政学院学报》第 3 期，第 54~63 页。

陈家喜，2015，《反思中国城市社区治理结构——基于合作治理的理论视角》，《武汉大学学报》（哲学社会科学版）第1期，第71~76页。

陈义平，2017，《社会组织参与社会治理的主体性发展困境及其解构》，《学术界》第2期，第65~74页。

葛道顺，2011，《中国社会组织发展：从社会主体到国家意识——公民社会组织发展及其对意识形态构建的影响》，《江苏社会科学》第3期，第19~28页。

姜晓萍、焦艳，2015，《从"网格化管理"到"网格化治理"的内涵式提升》，《理论探讨》第6期，第139~143页。

敬乂嘉，2016，《控制与赋权：中国政府的社会组织发展策略》，《学海》第1期，第22~33页。

李华芳，2020，《合供：过去、现在与未来》，《公共管理与政策评论》第1期，第10~22页。

刘安，2014，《网格化社会管理及其非预期后果——以N市Q区为例》，《江苏社会科学》第3期，第106~115页。

刘春荣，2007，《国家介入与邻里社会资本的生成》，《社会学研究》第2期，第60~79页。

马庆钰、贾西津，2015，《中国社会组织的发展方向与未来趋势》，《国家行政学院学报》第4期，第62~67页。

田毅鹏，2012，《城市社会管理网格化模式的定位及其未来》，《学习与实践》第2期，第28~32页。

王名、蔡志鸿、王春婷，2014，《社会共治：多元主体共同治理的实践探索与制度创新》，《中国行政管理》第4期，第16~19页。

王宁，2002，《代表性还是典型性？——个案的属性与个案研究方法的逻辑基础》，《社会学研究》第5期，第123~125页。

王浦劬，2015，《政府向社会力量购买公共服务的改革意蕴论析》，《吉林大学社会科学学报》第4期，第78~90页。

王学军、韦林，2018，《公共价值研究的几个重要问题——评Public Value：Theory and Practice》，《公共行政评论》第6期，第196~206页。

王雪竹，2020，《基层社会治理：从网格化管理到网络化治理》，《理论探索》第 2 期，第 76~80 页。

吴结兵、沈台凤，2015，《社会组织促进居民主动参与社会治理研究》，《管理世界》第 8 期，第 58~66 页。

吴理财，2009，《从"管治"到"服务"：乡镇政府职能转变研究》，中国社会科学出版社。

吴新叶，2018，《城市治理中的社会组织：政府购买与能力建设》，《上海行政学院学报》第 5 期，第 82~91 页。

徐家良，2012，《第三部门资源困境与三圈互动：以秦巴山区七个组织为例》，《中国第三部门研究》第 1 期，第 34~58 页。

徐家良，2017，《社会组织在现代化强国建设中的主体性日渐突出》，《中国社会组织》第 20 期，第 21 页。

徐家良、张其伟，2019，《地方治理结构下民间志愿组织自主性生成机制——基于 D 县 C 义工协会的个案分析》，《管理世界》第 8 期，第 110~120 页。

徐建宇，2020，《城市社区治理中个体化的重建》，《上海交通大学学报》（哲学社会科学版）第 2 期，第 80~87 页。

杨佳譞、孙涛，2019，《回应性倡导：政策倡导中社会组织有效行动的解释框架——基于 T 市与 S 市的双案例研究》，《公共行政评论》第 2 期，第 123~142 页。

郁建兴、任泽涛，2012，《当代中国社会建设中的协同治理——一个分析框架》，《学术月刊》第 8 期，第 23~31 页。

张传勇，2019，《基于"群体—行为—绩效"框架的城市社区治理路径研究——以上海市 S 公租房社区治理实践为例》，《华中师范大学学报》（人文社会科学版）第 6 期，第 106~114 页。

张嘉欣、陈红喜、丁子仪，2020，《城市社区治理中公众参与的困境及对策研究》，《经济师》第 1 期，第 105~107 页。

张云翔，2018，《公共服务的共同生产：文献综述及其启示》，《甘肃行政学院学报》第 5 期，第 31~45 页。

朱春奎、易雯，2017，《公共服务合作生产研究进展与展望》，《公共行政评论》

第 5 期，第 188~201 页。

朱江丽，2017，《新媒体推动公民参与社会治理：现状、问题与对策》，《中国行政管理》第 6 期，第 49~53 页。

邹农俭，2016，《构建现代形态的基层社会治理结构——太仓市基层社会"政社互动"的实践考察及其思考》，《江苏社会科学》第 6 期，第 91~95 页。

Alford, J. 2009. Engaaing Public Sector Clients: From Service-delivery to Co-production. Basiny stoke: Palgrave Macmillan.

Alford, J. 2014. "The Multiple Facets of Co-production: Building On the Work of Elinor Ostrom." *Public Management Review* 16 (3): 299–316.

Alford, J. 2016. "Why Do Public-Sector Clients Coproduce? Toward A Contingency Theory." *Administration & Society* 34 (1): 32–56.

Bovaird, T. 2007. "Beyond Engagement and Participation: User and Community Coproduction of Public Services." *Public Administration Review* 67 (5): 846–860.

Brudney, J. L., and England, R. E. 1983. "Toward A Definition of the Coproduction Concept." *Public Administration Review* 43 (1): 59–65.

Brudney, J. L. 1984. "Local Coproduction of Services and the Analysis of Municipal Productivity." *Urban Affairs Quarterly* 19 (4): 465–484.

Eijk, C. V. and Steen, T. 2016. "Why Engage in Co-production of Public Services? Mixing Theory and Empirical Evidence." *International Review of Administrative Sciences* 82 (1): 28–46.

Levine, C. H., and Fisher, G. 1984. "Citizenship and Service Delivery: The Promise of Coproduction." *Public Administration Review* 44 (1): 178–189.

Loeffler, E., and Bovaird, T. 2016. "User and Community Co-production of Public Services: What Does the Evidence Tell Us?" *International Journal of Public Administration* 39 (13): 1006–1019.

Nabatchi, T. Sancino, A. and Sicilia, M. 2017. "Varieties of Participation in Public Services: The Who, When, and What of Coproduction." *Public Administration Review* 77 (5): 766–776.

Osborne, S. P., Radnor, Z., and Nasi, G. 2013. "A New Theory for Public Service

Management: Towards A (Public) Service-Dominant Approach." *American Review of Public Administration* 43 (2): 135 – 158.

Ostrom, E. 1996. "Crossing the Great Divide: Coproduction, Synergy, and Development." *World Development* 24 (6): 1073 – 1087.

Percy, S. L. 1984. "Citizen Participation in the Coproduction of Urban Services." *Urban Affairs Quarterly* 19 (4): 431 – 446.

Pestoff, V. 2006. "Citizens and Co-production of Welfare Services: Childcare in Eight European Countries." *Public Management Review* 8 (4): 503 – 519.

Yin, R. K. 1981. "The Case Study as a Serious Research Strategy." *Knowledge* 3 (1): 97 – 114.

可持续性志愿服务何以可能?

——一项基于扎根理论的探索性研究*

王 焕 魏 娜**

摘　要：志愿者流失问题一直是困扰志愿组织和志愿服务事业长效发展的难题。为了探索志愿服务的可持续发展路径，本研究通过对相关专家学者和志愿者进行访谈，运用扎根理论的方法对访谈资料进行质性分析，归纳提取了影响志愿服务参与行为的3个核心范畴，即个人因素、组织因素和外部因素。同时，依据志愿者参与志愿服务的动态过程，本研究详述了志愿者在未参与阶段、参与体验阶段和参与结束阶段的影响因素差异，构建了可持续志愿服务行为的逻辑框架。最后，本研究基于参与意愿与志愿行为的可持续性将志愿者细

---

* 基金项目：中央高校建设世界一流大学（学科）和特色发展引导专项资金（2020043）；北京市社会科学基金研究基地重点项目"慈善北京"建设的驱动机制及其创新路径研究（19JDGLA009）。
** 王焕，中国人民大学公共管理学院博士研究生，主要从事志愿服务、公民参与等方面的研究，E-mail：whuan76@163.com；魏娜（通讯作者），中国人民大学公共管理学院教授，博士生导师，中国人民大学人文北京研究中心副主任，中国志愿服务联合会研究会副会长，中国人民大学管理学博士，主要从事志愿服务等方面的研究，E-mail：weina51@263.net。

分为热心型、成长型、沉睡型和被动型，并针对各个阶段的特征和志愿者类型，提出了志愿服务可持续化的建设路径。

关键词：扎根理论　志愿服务　志愿者

一　引言

志愿服务作为现代文明社会的重要标志（缪其克、威尔逊，2013），在促进社会进步、推动国家治理体系完善和国家治理能力提升等方面具有举足轻重的作用。党和政府不断加强中国特色志愿服务事业发展的顶层设计和宏观规划：2016年《中华人民共和国慈善法》（以下简称《慈善法》）的出台以及2017年《志愿服务条例》的颁布初步构建了中国志愿服务的基础性制度体系，党的十九届四中全会专门强调要"健全志愿服务体系"。据《慈善蓝皮书：中国慈善发展报告（2018）》统计数据显示，截至2017年，中国志愿者总数达到了1.58亿人，经测算其中6093万名为活跃志愿者（杨团，2018）。活跃志愿者比例较低、志愿者流失等问题（魏娜，2013）成为制约新时代志愿服务体系发展的关键因素，不利于发挥志愿服务在"第三次分配"中的重要作用。因此，本研究聚焦志愿服务的可持续性议题，从理论层面回应实践需要，尝试提出以下研究问题：影响志愿服务的因素有哪些？志愿服务参与的不同阶段影响因素是否不同，它们之间的作用机制又是如何？在志愿服务中志愿者的异质性如何？针对以上问题的回答，可为可持续志愿服务提供若干实践思路和学术启示。

二　文献回顾

关于志愿者服务的分析，国外最早的文献研究可追溯到19世纪60年代（徐步云、贺荟中，2009）。学术界对于志愿行为的定义比较宽泛，Wilson（2000）认为志愿服务指的是一种长期、有计划的亲社会行为,特指对陌生人的帮助,具有自愿性、长期性、计划性、非营利性、组织性、互动性的特点(Omoto and Snyder, 1995)。其中持续志愿服务行为指的是长期从事志愿服务的行为,是志愿服务的理想状态(唐钧,2001)。志愿服务行为的理论研究大致可以分为内部心理机制、资本视角和动态过程三个部分。其中内部心理机制包括功能视角、计划行为视角、角色认同视角和人格特质视角,该领域的大部分研究多属于这一部分。

功能视角认为志愿服务行为是一个理性的过程(Cnaan, 1991)。Clary等(1998)基于动机来理解志愿行为,认为如果志愿行为能够满足个人的若干动机(价值功能动机、理解功能动机、职业功能动机、社会功能动机、保护功能动机和尊重功能动机等)时,人们会做出这种行为。Clary等(1996)将动机功能理论丰富化,提出了个人动机与外界环境机会相匹配的观点,并开发了志愿者功能清单(Volunteer Function Inventory)作为测量量表。持有计划行为视角的学者认为,人们通过使用可获得的信息来做出理性决策(Ajzen, 1985),将成本、收益和控制因素纳入对志愿行为的理解中(Greenslade and White, 2005)。Grube和Piliavin(2016)提出的角色认同理论认为,当志愿者从内心认同志愿组织和志愿价值时,会继续参与志愿行为。有学者在志愿服务研究中加入了人格特质相关理论(亲社会行为、同理心、大五人格、亲和力、外向性、依恋、不安全感等)作为研究该领域的基础(Finkelstein et al., 2005; Davis et al., 1999; Carlo et al., 2005; Gillath et al., 2005; Erez et al., 2008)。持有资本理论视角的学者认为,志愿行为是需要人力资本(教育、收入、健康)的生产性工作,需要社会资本(孩子数量、非正式社会互动)的集体性工作,需要文化资本(宗教信仰)的伦理指导性工作(Musick, 1997)。Snyder和Omoto(2008)整合已有的志愿服务理论,提出了过程理论。他们认为志愿服务是一个三阶段过程,包括前因、经验和结果,并就个人、组织、社区和社会四个层面对三个阶段进行深入分析(Omoto and Snyder, 1995)。

国内关于志愿行为的研究一般从基础理论和概念辨析、国外经验和国内现状分析、志愿组织内部管理、外部法制推动等方面展开，研究对象多集中在青年、大学生、图书馆志愿者等（魏娜、王焕，2019）。关于持续志愿行为的国内研究处于起步阶段，多经验叙述，缺少来源于实践的数据支持。具体而言，钱雪飞（2015）以"南通市巾帼挽霞"项目为研究对象，认为社团化运作是未来实现志愿服务可持续化的途径。罗婧、王天夫（2012）通过来自青年大学生的访谈资料和问卷认为，中国志愿行为是非精英、大众化的活动，志愿者具有"利他"和"利己"的倾向，自我角色认同和志愿团队的激励是促进志愿者可持续的重要影响因素，并受到其所处社会网络的影响。

总体看来，关于志愿服务参与行为的研究较为全面，学术界有来自多个角度的理论阐述，且国外研究多实证主义取向，但已有的研究仍有可发展空间。首先，针对国内研究现状，西方理论是否与中国情境匹配是一个值得思考的问题。其次，在已有的研究中，或采用静态数据，或经验叙事，往往不能完整地把握事物发展的完整面貌，对于了解志愿服务持续性的逻辑机制有一定的局限性。再次，学者多站在自己的理论基础上进行实证验证，较少地进行不同理论的对话和整合。最后，已有的研究根据样本收集的便利性，多将志愿者视为同一群体，忽视了志愿者内部的异质性。因此，本研究根植于中国情境，采用扎根理论的方法，从原始访谈资料出发，逐步挖掘影响志愿服务不同参与阶段的影响因素，逐步建立志愿服务的可持续框架，并尝试与已有理论展开对话。针对志愿者群体之间的异质性展开类型学划分，与可持续框架相结合，提出改善的行动路径。

文章主要分为六个部分。第一部分是引言和背景介绍，提出研究所要解决的问题。第二部分是文献和相关理论述评，指出本研究的理论价值。第三部分是研究设计，介绍了本研究所使用的扎根理论和资料的收集过程。第四部分是研究分析，按照扎根理论的三级编码步骤，逐步对访谈资料进行讨论。第五部分是研究发现和结果讨论，对前文分析所得到的影响因素展开描述，并采用动态过程思想分阶段进行解释，最后构建影响可持续志愿行为的模型框架。在这个部分，文章对志愿者展开类型学划分。第六部分是研究结论和政策建议，归纳了文章所得的相关结论，回应引言部分的研究问题，并结合所构建的模型框架提出志愿者行为改善的若干路径，为实现志愿事业发展提供学术建议。

三 研究设计

（一）研究方法：扎根理论

扎根理论（Gounded Theory）是质性研究领域内十分重要的实证研究方法（陈向明，1999），于1968年提出，主要宗旨是从经验资料中提炼理论（Glaser et al., 1968）。研究开始时没有预先的理论假设，而是依据观察、访谈、文本内容等定性资料提炼概念、发现概念之间的联系，并升华形成理论，是一个自下而上的研究过程。扎根理论对于反映事物内部机制、描绘本土场景、发现新的研究问题、建立规范研究、提高研究者理论敏感性上都有着重要价值（贾旭东、谭新辉，2010）。其分析环节主要分为开放式编码、主轴编码和选择性编码，通过持续性的对比分析和原始资料追溯，在不同资料之间、不同概念之间、不同范畴之间和不同理论之间进行对比分析，直到不再有新的概念出现才停止，最终从一手资料中发展出一套真实且实质的理论（王建明、贺爱忠，2011）。

扎根理论在管理学、心理学、社会学等社会科学领域运用已久，但在中国，关于志愿服务的研究仍处于亟待挖掘的阶段。志愿服务的可持续性是个人关于志愿的内部心理机制的外显行为，采用问卷调研的方法难以捕捉，且静态数据无法反映个体动态连续的行为过程。采用质性的研究方法可以更好地归纳、整合、解释、分析其中的核心概念和内部机制。研究认为扎根理论面向真实志愿参与者，能够输出翔实、真实的资料,故采用访谈的方式挖掘志愿行为的影响因素,同时访谈提纲分多阶段展开,从动态上把握志愿行为的可持续影响机制。

(二) 资料收集和处理

研究采用个人深度访谈和小组半结构化访谈的方式,共同构成扎根理论所需要的资料库。访谈对象包括志愿服务领域的专家学者、若干志愿组织的工作人员和参与过志愿服务的志愿者等。理论上,访谈资料无法再提炼出新的概念为时间节点停止访谈,且无论是从工作量还是从扎根理论研究本身来看,20~30个的样本都是最为合适的(贾哲敏,2015)。质性研究对受访者要求较高,访谈对象需要对所要研究的问题有一定的理解和感悟(孟凡蓉、王焕、陈子韬,2017)。在本研究中,访谈对象的学历均在本科及以上,均与志愿服务领域相关,有过志愿服务经历且对志愿服务有深入的认识和理解。访谈对象的基本情况如表1所示,样本之间具有一定异质性,且具有代表性。

表1 访谈对象基本资料

受访对象	人数	访谈形式	单位来源	访谈编码
专家学者	1	个人深度访谈	北京市 R 高校	01
专家学者	1	个人深度访谈	河南省 H 高校	02
专家学者	1	个人深度访谈	北京市 X 单位	03
专家学者	1	个人深度访谈	北京市 R 高校	04
专家	1	个人深度访谈	北京市 Z 单位	05
学生志愿者	3	小组半结构化访谈	北京市 R 高校	06~08
学生志愿者	1	网络半结构化访谈	陕西省 X 高校	09
学生志愿者	1	网络半结构化访谈	陕西省 X 高校	10
学生志愿者	1	网络半结构化访谈	陕西省 X 高校	11
社会志愿者	1	个人深度访谈	河南省 S 志愿组织	12
社会志愿者	1	个人深度访谈	北京市 H 志愿社	13
社会志愿者	3	小组半结构化访谈	—	14~16

续表

受访对象	人数	访谈形式	单位来源	访谈编码
社会志愿者	3	小组半结构化访谈	—	17~19
志愿组织工作人员	3	小组半结构化访谈	北京市Z单位	20~22

本研究所需访谈提纲按照志愿服务参与的逻辑，并结合动态过程理论而形成，主要分为三个部分：志愿服务的未参与阶段、志愿服务的参与体验阶段和志愿服务的参与结束阶段。本研究围绕访谈提纲和受访者志愿经历展开深度访谈，根据具体情况采取不同的访谈形式。整个访谈阶段集中在2019年3~4月，最后整理成访谈纪要以备编码和后期分析。质性研究的效度是通过与现实真实情况的相符程度来衡量，不同于量化研究中的计算方式（贾哲敏，2015）。为了保证本次研究的效度，本研究采取以下策略：①每位访谈对象的访谈时间在20分钟以上，每个访谈资料的整理稿在5000字及以上；②通过Nvivo软件对原始资料进行编码和文本分析，另请一位该领域的博士研究生A进行背对背编码整理，二者比照讨论；③将研究初步结果反馈给该领域的专家，进行再次分析讨论；④将研究结果反馈至若干访谈对象和非访谈对象，听取他们的反馈和意见；⑤随机抽取文本内容的1/3作为最终理论饱和度检验。

四 研究分析

（一）开放式编码

在对所获得资料进行分析时要遵循扎根理论的操作步骤，其中对资料的逐级编码是最重要的一步，编码主要包括三个级别：开放式编码、主轴编码和选择性编码。其中第一级开放式编码指的是将所有的资料打散，秉持"什么都相信，什么都不相信"的态度将其概念化（Strauss，1987），在过程中命名并类属化。研究随机抽取原始资料中的

2/3，运用 Nvivo 软件中的自由编码功能对访谈整理的原始语句展开分析，最终得到以下短句，接着运用类属编码功能，分析反复出现的语句背后的原因类属，剔除出现频次较少、前后明显矛盾的概念。这个过程也包括同时进行的人工编码对照分析，最终整理形成开放式编码表，节选如表 2 所示。

表 2　访谈资料的概念化整理（节选）

原始资料语句	概念化
从小就喜欢帮助别人，出于内心的喜欢，觉得帮助别人是一件很光荣的事情，也不觉得是负担	性格特质
当时加入志愿者团队是因为我是播音主持专业，可以更好地锻炼一下我的口才	锻炼能力
在我们要走的时候，那些孩子们就会问，各位姐姐，你们下一次什么时候来呀	产生感情
建立科学的财务机制和人员管理机制，不断发现新的服务需求，提升服务技能	组织机制
志愿者要实事求是，踏踏实实地做事情，而不是打着志愿服务的名义去博取关注	招募工作
比如，我是老师，我肯定做讲座培训类型的志愿服务更得心应手，推广也一样，要有针对性地发挥志愿者的优势	人事匹配
结合他们参与的动机，或者是兴趣，或者是基于交友，或者是基于自我提升等，只有在项目设计的时候把这个融合进去，才能更有针对性地去招募志愿者	招募工作 设计多样化
就像常说的"志愿者的微笑是北京最好的名片"，我觉得当一名志愿者，更多的是让我们的国家和社会因为我们这些文明的传播而更加美好	价值认同、国家宣传、精神感染
毕业之后感觉即使想参与志愿服务也不知道去哪里	机会接触
一方面促进各级配套经费和各类资源，鼓励各类机关事业单位能够为志愿服务共享资源	国家投入
要使志愿服务不仅仅服务于人，更要服务于社会、服务于国家现实发展。这样志愿服务才有恒久发展的源动力	需求对接
将志愿服务成本细化为国家标准，并将宏观法律精细化，然后推动相应的配套政策出台	配套政策

（二）主轴编码

扎根理论的第二级编码为主轴编码，主要目的是在第一级编码的基础上发现并建立各个概念类属之间的有机联系，为第三级选择性编码奠定基础。在这个过程中，每一次围绕一个类属展开深度相关分析，包括类属内部和类属之间，同时要考虑访谈对象话语背后的动机、当时的语境和社会文化背景（陈向明，1999）。本研究利用 Nvivo 的类属功能对开放式编码所形成的概念类属进行有机分析，得到了影响志愿行为的 11 个类属，包括性格、素质提升、价值观、情感依赖、组织规范等。这个过程也包括了人工编码之后的对照分析。

（三）选择性编码

选择性编码是扎根理论中的最后一级编码，通过再次的系统分析和持续性的资料回溯，以主范畴为中心，采用"故事线"的逻辑方式，归整出变量之间的结构内涵和作用机制。研究通过对开放式编码、主轴编码进行复盘整理的过程后，得到影响志愿者可持续行为的三个核心范畴，即个人因素、组织因素和社会因素。主范畴和副范畴之间的关系内涵如表 3 所示。

表 3　影响志愿者可持续行为的核心范畴

主范畴	副范畴	关系内涵
个人因素	性格	性格是个人因素中的一种主观特质
	素质提升	素质提升是影响个人因素的一种动机
	价值观	价值观是影响个人因素的一种角色定位
	情感依赖	情感依赖是影响个人因素的一种社会资本
组织因素	组织规范	组织规范、人力资源管理、项目管理是组织因素中的重要组成部分
	人力资源管理	
	项目管理	
社会因素	制度统筹	制度统筹、宣传、资源投入、机会可得是社会因素中的治理方式
	宣传	
	资源投入	
	机会可得	

按照功能主义理论的观点，个体参与志愿服务是理性选择的结果，志愿服务要符合个体的某种动机（Clary et al., 1998）。在表 3 中，素质提升变量是个人因素中影响志愿行为的一种动机，志愿者个体想通过志愿活动来提升自己的素质和技能。按照人格特质的相关理论，某种人

格特质的群体会更愿意参与志愿服务，因此，性格作为人格特质中的一种，影响个体志愿者的志愿行为（Erez et al., 2008）。当志愿服务满足个体的价值观和价值追求时，个体会选择继续参与志愿服务，本文在扎根理论中对价值观的主轴编码符合 Grube 和 Piliavin 提出的角色认同理论（Grube and Piliavin, 2016）。志愿者在与服务对象接触的过程中产生情感依赖，在资本理论看来实际是社会资本的积累性行为（Musick, 1997）。

志愿服务是一个组织性的活动，组织因素是志愿行为的客观机构保障。组织因素可以分为对人的管理和对事的管理。前者包括志愿组织的自身建设和对志愿者的管理工作。志愿组织需要通过自身的规范专业来为志愿者提供保障。志愿组织通过招募、培训和激励工作来完成对志愿者队伍的管理引导，从而保证志愿服务质量和志愿者的留存。后者指的是对志愿活动内容的管理，通过多样化的项目设计、与现实需求的对接、人事匹配、定位营销等科学管理方式激发志愿者的兴趣。最后，社会因素作为影响志愿服务的外部客观情境，包括系统的制度设计统筹、全面的文化宣传、积极的资源投入和公平的志愿机会等治理方式。

（四）理论饱和度检验

研究最后将原始资料剩余的 1/3 进行理论饱和度检验，另请两位博士研究生 B 和 C 重新提取、归纳、整合所形成的概念、类属和逻辑关系，均与上文分析一致，且不再有新的概念生成，故本研究的效度和饱和度均通过了检验。

五　研究发现与结果讨论

（一）志愿服务行为的影响因素分析

通过上文扎根理论的分析，本研究得到影响志愿行为的 11 个副范畴和3个核心主范畴。其中3个主范畴分别是个人因素、组织因素和社会因素，从主观、中观和宏观三个层面解释了可持续志愿行为的影响因素。

个人因素指的是围绕志愿者个体、能够影响志愿行为的主观变量，包括性格、价值观、素质提升和情感依赖。志愿者的性格特质（"打心眼里喜欢志愿服务"）会使志愿者持续参加志愿服务，其参与感受符合志愿者的价值观（"觉得特别充实和满足"），并满足了其对自我价值的追求。志愿者通过志愿服务"拓宽自己的生活圈子"、提高"与人沟通能力"等均体现了志愿服务对个人素质的提升。"我觉得我就是他们的家人"等情感依赖也促使志愿者持续参与志愿服务。

组织因素指的是围绕志愿服务组织、能够影响志愿行为的若干变量，包括组织规范、人力资源管理和项目管理。志愿服务组织需加强制度建设（"建立一个完整的规章制度""制度化规范志愿者的行为"），同时志愿者的"人身安全与健康保障也十分重要"。志愿者的人力资源管理是组织因素中的重要变量，主要分为三个模块，即招募、培训和激励。招募到合适的志愿者是志愿组织人力资源管理的首要工作，专业的培训工作是志愿服务质量的保证，而恰当的激励制度是促进志愿者持续参与的有利条件。"好的项目设计使人们明白志愿服务的目的和意义"，包括项目多样化、人事匹配、营销定位。多样化的项目设计是吸引新的志愿者、留存已有志愿者的动力源泉。人事匹配将志愿者的专业与志愿需求相结合，促进志愿服务价值的最大化。志愿服务也需要"好的营销和定位，可以找到最合适的志愿者和最需要的服务对象"。

社会因素指的是影响志愿行为的社会情境因素，包括制度统筹、宣传、资源投入和机会可及。志愿服务"加强宏观立法"，并"推动相应配套措施的出台"，将志愿服务同已有制度统筹（"纳入教育体系中""与企业绩效考评挂钩""突破升学、就业、晋升、职工福利等方面的瓶颈问题"）。志愿服务要与"党建、扶贫、企业社会责任等国家现实需求有机融合"，促进志愿服务事业的持续发展。"国家和社会需要加大宣传力度，营造好的志愿服务氛围"来培育出更多的公民志愿服务。政府要明确自己的角色，加大对志愿服务的财政投入，"社会资金的投入"可以促进社会资源的有效整合，从而激发志愿服务的社会源动力。机会的可及性是将科技进步、地区发展等客观社会因素与志愿服务相结合，通过志愿服务平台的搭建促进志愿信息的公开可及，合理分配志愿资源，使未来不同地区、不同人群的志愿者都能获得相对公平的志愿服务机会。

(二) 志愿服务参与的动态机理分析

通过前文的分析，研究将影响志愿行为的因素分为个人因素、组织因素和社会因素，其中每个因素又包括若干副范畴。但志愿服务行为的产生具有自身的"故事规律"，这些因素的影响在其动态发展的过程中不尽相同。志愿行为的动态过程理论将志愿服务分为前因、经验和结果。文章借鉴 Snyder 和 Omoto (2008) 的视角，依照志愿服务的参与过程将志愿行为分为未参与阶段、参与体验阶段和参与结束阶段，通过对三个阶段的逐一分析，挖掘可持续志愿行为的发生逻辑。故研究将访谈资料分为三个阶段进行分别分析。

志愿服务未参与阶段，影响志愿者参与志愿服务的影响因素主要是个人因素和社会因素。个人因其性格特质、价值观、素质提升之需求，考虑参与志愿服务，同时社会因素会通过志愿精神感染、志愿文化宣传来影响个人行为选择。正如有访谈对象说"我当一名志愿者，并不是单单提供服务，更多的是让我们的社会因这些文明的传播而更加美好"。不仅如此，志愿服务的机会可及性是影响人们参与志愿服务的关键变量，有访谈对象表示"离开学校之后，虽然依然想参加志愿服务，但不知道通过什么渠道"。

志愿服务参与期间，影响志愿行为的因素是个人因素和组织因素。志愿服务契合了自身的性格，满足了自身的价值观，使个人素质得到了提升，志愿者就愿意继续参加志愿服务。个体志愿者能否继续参与志愿服务，在很大程度上受当前志愿参与的感知影响，因此，组织因素是影响志愿者志愿行为的重要客观变量。管理制度规范有序、项目设计科学合理、人力资源管理专业高效均对志愿者的参与过程产生感知影响，正如有访谈对象所言"我就是学西班牙语的，把我指定到西班牙代表团的接机工作，我觉得自己的专业得到了实践，希望以后多参与这种类似的活动"。

志愿服务参与结束后，影响志愿者再次发生志愿行为的因素是个人因素、组织因素和社会因素。志愿服务参与结束后，符合个体性格特质的志愿活动能够使其自身的价值得到实现，素质得到提升，而且与被服务对象之间的情感依赖也是维系志愿者持续参加志愿服务的重要变量。同时基于志愿服务参与中形成的印象感知，志愿者会决定是否继续产生志愿行为，正如有访谈对象所言"现在的管理模式过于形式化，从长远来看会让大家感觉志愿服务不过如此，这样有可能会伤害真正意义上的志愿服务，造成大量潜在志愿人才的流失"。因此应通过宣传、机会可及、资源投入、制度等社会因素动员志愿者再次参与志愿服务，使其养成长期参与志愿服务的习惯。

总体来看，志愿行为按照动态发生逻辑可以分为志愿服务未参与、志愿服务参与中和志愿服务结束参与后三个阶段，其中影响各个阶段志愿行为的因素不尽相同。作为单次志愿行为结束之后的第三个阶段才是决定个体是否持续志愿行为的重要时间节点。换言之，对志愿服务的可持续研究需要从志愿服务参与结束阶段入手。该阶段的影响因素是复合型的，个人因素、组织因素和社会因素共同作用于可持续志愿行为的产生机理。

（三）可持续志愿服务行为的模型建构

如前文所述，志愿服务的参与结束后期是影响个体可持续志愿行为发生的重要时间节点，受到个人因素、组织因素和社会因素的复合影响。因此，文章按照个体行为的发生逻辑，将三个核心范畴纳入可持续志愿行为的分析框架中，形成"个人—组织—社会—行为"的框架模型（见图1）。其中个人因素是志愿行为的人力基础和行动载体，直接影响志愿行为，包括个体性格、素质、价值观和情感依赖。组织因素是志愿行为的机构支持和客观保障，直接影响志愿行为，包括志愿组织的制度规范、人力资源管理和项目管理。社会因素是志愿行为的外部情境和活动场域，是"个人因素—志愿行为"关系的调节变量，影响志愿行为的策略选择和强度。

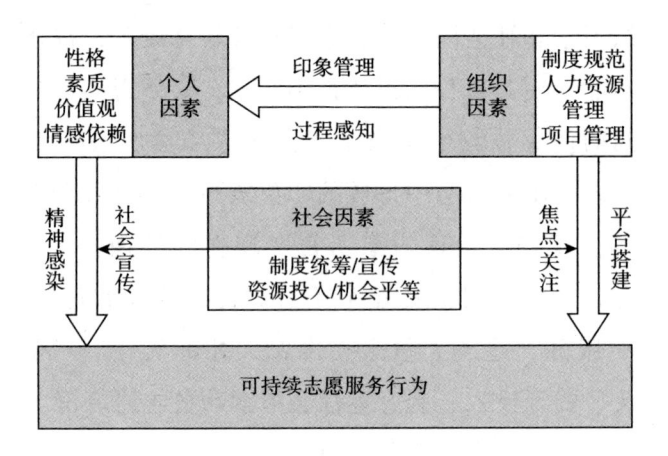

图 1　可持续志愿行为的影响因素及作用机制模型

个人因素是志愿行为的人力基础和行动载体，直接影响志愿行为。个体的性格特质会促使其继续参与志愿服务，正如有访谈对象称"去帮助别人不是负担，这是融入我身体里的"。素质的提升和价值观的满足并非"一蹴而就"，而是需要持续性的志愿服务参与。与被服务对象的情感依赖使很多志愿者表示会再次参与志愿服务，"在我们要走的时候，那些孩子们就会问，姐姐，你们下一次什么时候来呀"。

组织因素是志愿行为的组织基础和客观载体，直接影响志愿行为。志愿组织的制度规范、人力资源管理和项目管理均会对志愿服务的可持续性产生影响。志愿服务组织需要有完善的志愿者管理制度和内部成员管理制度，两类人群既有联系又相互区别（Cnaan, Heist, and Storti, 2017）。志愿者的招募、培训和激励管理是进行志愿者人力资源管理的三大模块，是打通从普通公民到志愿者、普通志愿者到专业志愿者、单次志愿者到长期志愿者的有效管理工具，只有做好了组织自身的印象管理，才能促进志愿者积极的过程感知。

社会因素是影响"个人因素—志愿行为"的调节变量，包括制度统筹、宣传、资源投入和机会可及。完整的法律体系建设和系统的宏观制度统筹为个体志愿服务可持续行为提供良好的社会环境。志愿精神、志愿文化、志愿人物的宣传是一个社会化的过程，能够从内心认知和价值观塑造层面来影响个体志愿行为，使其将志愿服务"内化"，进而持续参与志愿服务。来自国家和社会的资源投入是志愿事业长足发展的物质基础和资源保障。机会的可及性涉及地区公平、信息公平、身份公平等方面的志愿资源分配，是影响未来志愿事业发展的关键变量。

社会因素影响个体志愿行为的选择策略和强度。当志愿服务形成良好的社会氛围时，即使公民个体的参与意愿相对较低，但会受到志愿宣传、同伴效应以及可接触到的相关志愿服务活动等影响，也会参与志愿服务，进而形成长期参与志愿活动的习惯，进一步促进志愿文化的发展。当志愿服务尚未形成良好的社会风气时，即使个体具有较高的参与意愿，受资源限制，也无法参与志愿服务。即使有过一些志愿经历，也无法长期参与志愿服务，形成参与志愿活动的习惯。

（四）志愿者类型学划分

根据前文分析，在志愿服务的三个阶段中，个人因素均发挥了重要作用，这说明志愿服务行为深受个人因素影响，而且志愿者群体具有异质性，不同的志愿者会有不同的参与意愿和志愿行为。因此，本研究基于志愿者"输入端"参与意愿和"输出端"志愿行为，将访谈对象做类型学划分（见图2），由样本推及整体，把握现实情境中志愿者的分类，并从中挖掘可持续志愿服务的实现路径。第Ⅰ象限是"热心型"，第Ⅱ象限是"成长型"，第Ⅲ象限是"沉睡型"，第Ⅳ象限是"被动型"。

"热心型"志愿者指的是具有较高参与意愿，且长期参与志愿服务

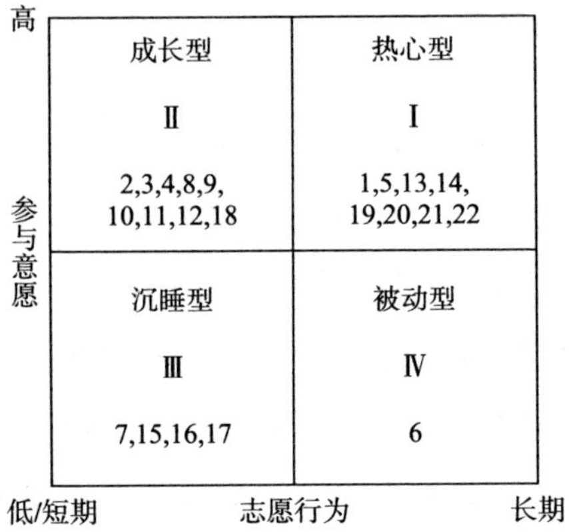

```
         高
              ┌─────────────┬─────────────┐
              │   成长型    │   热心型    │
              │     Ⅱ       │     Ⅰ       │
    参       │             │             │
    与       │  2,3,4,8,9, │ 1,5,13,14,  │
    意       │ 10,11,12,18 │ 19,20,21,22 │
    愿       ├─────────────┼─────────────┤
              │   沉睡型    │   被动型    │
              │     Ⅲ       │     Ⅳ       │
              │             │             │
              │  7,15,16,17 │      6      │
              └─────────────┴─────────────┘
        低/短期         志愿行为        长期
```

图 2　基于参与意愿和志愿行为的志愿者类型

说明：图中所示数字为访谈对象编码。

的志愿者。这类志愿者是志愿服务事业中的理想类型，是公民社会发展到一定阶段的表现。这种理想状态需要个人因素、组织因素和社会因素的复合作用。个体自身热心慈善志愿，也有通过志愿提升自我、满足价值观的需求；志愿组织为个体志愿者做好前端招募培训、中端支持保障和终端追踪反馈等；社会提供了良好的志愿氛围和资源投入，使拥有志愿参与意愿的公民都能够参与志愿服务。通过访谈资料整理，有访谈对象描述"我从小就喜欢帮助别人，所以刚进大学听说学院有青年志愿者协会招新，就毫不犹豫地报名了行动一部、二部和三部……参加青年协会不同类型的志愿活动，让我更加热爱生活……志愿精神一旦形成就会坚持下去……我现在依然在做一名志愿者"。

"成长型"志愿者指的是具有较高参与意愿和短期志愿行为的志愿者。受组织因素影响，个体在过去的志愿服务经历中没有得到较好的感知印象，因此不愿长期参与志愿服务；同时也受到社会因素的影响，具体表现为机会不可及、志愿资源有限、法律制度不健全、宣传不到位等影响，使其成为潜在长期志愿群体，因此称之为"成长型"。正如有访谈对象称"在我们这个地方，我偶尔会参加志愿服务，因为想要参与一些有意义、有价值的，没有，或者说很缺乏""有很多人不愿意接受你的帮助，觉得你打扰他们，甚至还会觉得你是骗子。那种不解的目光，让我心里蛮有落差感的""虽然知道公益慈善是'赠人玫瑰，手有余香'的好事，但是我在工作单位上班，并不知道去哪里参与"。

"沉睡型"志愿者指的是具有较低参与意愿和短期志愿行为的志愿者。这类志愿者较低的参与意愿受个人因素影响，具体表现为性格特质尚未与志愿精神契合，或没有通过志愿服务提升自身素质的动机，因此表现出短期的志愿服务行为。有访谈对象称"不怎么参与志愿活动，虽然大家都说当志愿者很光荣，但说实话我不太明白它的价值""说句实话，我感觉当志愿者有点浪费时间，我从中也没有收获什么"。

"被动型"志愿者指的是具有较低参与意愿和长期志愿行为的志愿者。这类志愿者的参与意愿和行为具有矛盾性，主要受外界因素的影响，这些因素的存在对可持续志愿事业具有负面影响。有访谈对象认为"现在的志愿活动有很多，有时候就成为保研的加分项目，这是非常功利的行为""单位以体制来动员大家参与……像现在我们申请全国文明单位，每个月都要参加3个小时的志愿活动……志愿活动很多都是单位安排好的"。此类志愿者的志愿服务不具有可持续性，故在此不做过多阐述。

六　研究结论与政策建议

志愿行为的可持续问题是志愿事业获得长足发展的重要保障，是一个值得关注的话题。文章运用扎根理论的研究方法，通过对22个志愿服务领域的专家学者和志愿者进行访谈，获得若干数据资料，经过探索性的质性分析，得到以下研究结论。

第一，研究借助Nvivo辅助软件，在经过开放式编码、主轴编码和选择性编码之后，得到三个核心范畴，即影响可持续志愿行为的因素主要是个人因素、组织因素和社会因素。文章将志愿服务的参与过程分为未参与、参与中和参与后，对三个阶段分别进行扎根分析，得到影响各个阶段的主要因素。其中影响志愿服务参与前期的因素是个人因素，影响志愿服务参与中期的因素是个人因素和组织因素，影响志愿服务参与后期的因素是个人因素、组织因素和社会因素。志愿服务的参与后期是决定志愿行为是否可持续的关键环节。

第二，在得到影响志愿行为的影响因素之后，文章构建了"个人—组织—社会—行为"的框架模型，为可持续志愿行为提供学理思考。个人因素对志愿行为产生直接影响，是志愿行为的人力基础。组织因素对志愿行为产生直接影响，是志愿行为的客观载体。社会因素在"个人—行为""组织—行为"的关系中起调节作用，影响志愿行为的测量选择和参与强度。

第三，志愿者群体具有异质性，基于个体参与意愿和志愿行为对志愿者进行类型学划分，为进一步提出可持续行为的实现路径提供技术支持。志愿者可以被划分为"热心型"、"成长型"、"沉睡型"和"被动型"。

研究在得到以上结论之后，提出若干政策建议和行动启示，为可持续行为的现实实践提供学术启迪（见图3）。

首先，良好的志愿风尚是可持续志愿行为的外部情境保障。第一，国家要建立健全志愿服务的法律体系，并完善相关的配套措施，使志愿事业"有法可依"。现阶段虽颁布了《志愿服务条例》和《慈善法》，但是对于志愿服务过程的具体安排并没有明细化的规定。由于各地志愿服务发展的现实情境不同，各个省份应在自身实践的基础上制定和完善当地志愿服务发展的指导性法规和政策性文件，通过对志愿服务事业相关主体行为的规范和权利的保障，给予志愿服务更大的活动空间和更多的发展机遇，同时也传递出重视志愿服务的积极信号。第二，加大来自国家和社会的资源投入力度，是志愿事业长足发展的资金保障。非营利组织天然具有资金上的劣势，成为制约其发展的命门。政府需要通过财政补贴、税收优惠、政府购买服务的方式为志愿服务"造血"，使志愿服务获得资源上的保障。第三，宣传工作是志愿文化和志愿精神必不可少的一部分，是动员更多人加入志愿者队伍的"旗帜"。作为社会主义精神文明的重要组成部分，国家日常要积极报道志愿活动中的榜样模范和典型事迹，避免仅在重大事件节点对其展开宣传。降低志愿服务的价值和效能，也不利于社会良性的志愿氛围。第四，志愿资源的公平和可及是全面实现志愿事业发展的前提条件，利用大数据等互联网技术统筹平台建设，使志愿信息在不同地区之间、不同人群之间得到公开，构建互联网公益发展的协同创新机制（徐家良，2018），促进了志愿事业发展与国家社会需求的和谐对接。如图3所示，受良好的社会因素的调节影响，志愿者会从沿着A路径向"理想型"发展。

其次，完善志愿组织的管理制度。规范有序的志愿组织能够对志愿者个体的过程感知产生积极的印象，是促进志愿者可持续行为发生的组织保障。志愿服务的相关组织要完善组织规范，分别设定工作人员和志愿者的管理制度，将志愿者作为人力资源进行相关的开发和利用。通过志愿者招募、面试、分配、培训、考核、激励、保障等各个环节，对志愿服务的行政部门、主管部门、服务使用单位等做出相对清晰合理的规定。而且志愿组织要主动加强自身内部建设，寻求现代公益慈善机构的运营规律，才能做到管理过程的科学化和组织化。志愿组织要对志愿项目进行多样化设计和营销，对内进行人事匹配，对外承接社会需求。志愿服务组织要明确自身的服务宗旨和定位，避免"大而全"的服务对象和服务范围，而应以独特化、专业化的组织优势在社会治理中寻找自己的定位，更有效地发挥自身价值。如图3所示，受组织因素的积极影响，志愿者意愿和行为会发生改变，辅之以社会因素的调节作用，志愿者会沿着B路径向"理想型"发展。C路径是从"沉睡型"向"被动型"到"热心型"的发展路线。志愿者行为从"沉睡型"到"被动型"的转变过程，实际依赖的是体制化的动员方式。虽然从外显行为来看，志愿者行为的强度从短期达到了长期，但其自身参与意愿并没有得到显著提高。现阶段中国情境下这种自上而下的动员形式较为普遍，但回归志愿服务的本质，自愿性是其主要特征之一（魏娜、刘子洋，

2017)。因此，这条路径受其他非积极因素影响，不适合作为可持续的志愿行为发展路径。

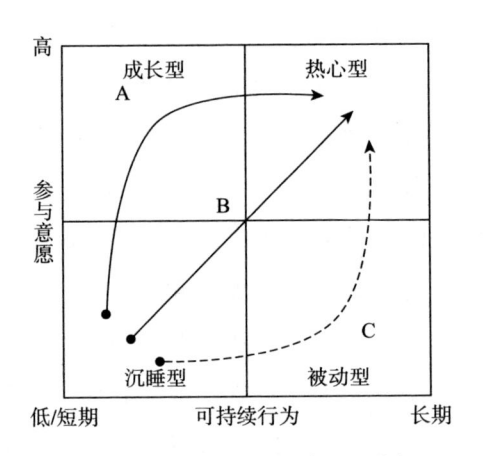

图 3　可持续志愿行为的实现路径

最后，针对影响志愿参与的个人因素，国家要提高公民个体素质，培养奉献、友爱、互助、进步的志愿精神，通过社会主义精神文明建设重塑公民价值观，为志愿服务发展提供充足的后备力量。在继续强化以共青团为基础的青年志愿者群体之外，国家要通过广泛的志愿教育和志愿服务实践提高中小学生参与比重，为志愿事业发展的后备军；要抓住重要事件节点，例如，应急管理、重大赛事、国际活动等，广泛开展社会动员，普及志愿精神，宣传志愿文化，提高工作群体在志愿者中的比重；要通过"时间银行"等激励措施，提高老年人在志愿服务中的活跃度和持久度，使"有志于"志愿服务的公民能够在志愿服务过程中体会到"赠人玫瑰，手有余香"的情感获得，使"徘徊"志愿者能够在志愿氛围中得到感召动员，最终实现可持续的志愿服务事业。

本研究利用扎根理论分析了影响志愿行为的影响因素，并将志愿服务划分为动态三阶段过程，构建了影响可持续志愿行为的机制模型；基于参与意愿和志愿行为将志愿者划分为四种类型，并讨论了可持续志愿行为的实现路径，为实现志愿事业的实践提供了学术建议。本研究利用质性分析的研究方法，损失了一定程度的信度，未来关于志愿行为的影响因素及作用机制需要通过大规模的调查数据来验证，且变量之间的关系需要开发结构化的量表进行实证化衡量。

【参考文献】

陈向明，1999，《扎根理论的思路和方法》，《教育研究与实验》第 4 期，第 3 ~ 5 页。

贾旭东、谭新辉，2010，《经典扎根理论及其精神对中国管理研究的现实价值》，《管理学报》第 5 期，第 656 ~ 665 页。

贾哲敏，2015，《扎根理论在公共管理研究中的应用：方法与实践》，《中国行政管理》第 3 期，第 90 ~ 95 页。

罗婧、王天夫，2012，《何以肩负使命：志愿行为的持续性研究——以大学生支教项目为例》，《社会学研究》第 5 期，第 94 ~ 118 页。

马克·A. 缪其克、约翰·威尔逊，2013，《志愿者》，魏娜等译，中国人民大学出版社。

孟凡蓉、王焕、陈子韬，2017，《基于扎根理论的大气治理政策执行影响因素及机制研究》，《软科学》第 6 期，第 34 ~ 37 页。

钱雪飞，2015，《志愿服务何以持续：社团化运作的优势与路径分析》，《南通大学学报》（社会科学版）第 4 期，第 123 ~ 128 页。

唐钧，2001，《志愿者状况研究——第 21 届世界大学生运动会的志愿者状况调查》，《青年研究》第 11 期，第 27 ~ 34 页。

王建明、贺爱忠，2011，《消费者低碳消费行为的心理归因和政策干预路径：一个基于扎根理论的探索性研究》，《南开管理评论》第 4 期，第 80 ~ 89 页。

魏娜、刘子洋，2017，《论志愿服务的本质》，《中国人民大学学报》第 6 期，第 79 ~ 88 页。

魏娜、王焕，2019，《国内外志愿服务研究主题演进与热点比较研究——基于 2008—2018 年数据分析》，《中国行政管理》第 11 期，第 124 ~ 130 页。

魏娜，2013，《我国志愿服务发展：成就、问题与展望》，《中国行政管理》第 7 期，第 64 ~ 67 页。

徐步云、贺荟中,2009,《西方志愿者行为的研究综述》,《中国青年研究》第 4 期,第 75~80 页。

徐家良,2018,《互联网公益:一个值得大力发展的新平台》,《理论探索》第 2 期,第 18~23 页。

杨团主编,2018,《中国慈善发展报告(2018)》,社会科学文献出版社。

Ajzen, I. 1985. "From Intentions to Actions: A Theory of Planned Behavior." In *Action control: From Cognition to Behavior*, edited by Kuhl, J. and Beckmann, J. (eds.). Berlin and Heidelberg: Springer-Verlag.

Carlo, G. Okun, M. A. Knight, G. P. et al. 2005. "The Interplay of Traits and Motives on Volunteering: Agreeableness, Extraversion and Prosocial Value Motivation." *Personality and Individual Differences* 38 (6): 1293 – 1305.

Clary, E. G. Snyder, M. and Stukas, A. 1996. "Volunteers' Motivations: Findings from a National Survey." *Nonprofit and Voluntary Sector Quarterly* 25 (4): 485 – 505.

Clary, E. G. Snyder, M. Ridge, R. D. et al. 1998. "Understanding and Assessing the Motivations of Volunteers: A Functional Approach." *Journal of Personality and Social Psychology* 74 (6): 1516 – 1530.

Cnaan, R. A. Heist, H. D. and Storti, M. H. 2017. "Episodic Volunteering at a Religious Megaevent." *Nonprofit Management & Leadership* 28 (1): 85 – 104.

Cnaan, R. A. 1991. "Measuring Motivation to Volunteer in Human Services." *The Journal of Applied Behavioral Science* 27 (3): 269 – 284.

Davis, M. H. Mitchell, K. V. Hall, J. A, et al. 1999. "Empathy, Expectations, and Situational Preferences: Personality Influences on the Decision to Participate in Volunteer Helping Behaviors." *Journal of Personality* 67 (3): 469 – 503.

Erez, A. Mikulincer, M. Ijzendoorn, M. H. V, et al. 2008. "Attachment, Personality, and Volunteering: Placing Volunteerism in an Attachment-Theoretical Framework." *Personality and Individual Differences* 44 (1): 64 – 74.

Finkelstein, M. A. Penner, L. A. and Brannick, M. T. 2005. "Motive, Role Identity, and Prosocial Personality as Predictors of Volunteer Activity." *Social Behavior and Personality: an International Journal* 33 (4): 403 – 418.

Gillath, O. Shaver, P. R. Mikulincer, M. et al. 2005. "Attachment, Caregiving, and Volunteering: Placing Volunteerism in an Attachment-theoretical Framework." *Personal Relationships* 12 (4): 22.

Glaser, B. G., Strauss, A. L., and Strutzel, E. 1968. "The Discovery of Grounded Theory: Strategies for Qualitative Research." *Nursing Research* 17 (4): 364.

Greenslade, J. H. and White, K. M. 2005. "The Prediction of above-average Participation in Volunteerism: A Test of the Theory of Planned Behavior and the Volunteers Functions Inventory in Older Australian Adults." *The Journal of Social Psychology* 145 (2): 155 – 172.

Grube, J. A. and Piliavin, J. A. 2016. "Role Identity, Organizational Experiences, and Volunteer Performance." *Personality & Social Psychology Bulletin* 26 (9): 1108 – 1119.

Musick, W. M. 1997. "Who Cares? Toward an Integrated Theory of Volunteer Work." *American Sociological Review* 62 (5): 694 – 713.

Omoto, A. M. and Snyder, M. 1995. "Sustained Helping without Obligation: Motivation, Longevity of Service, and Perceived Attitude Change among AIDS Volunteers." *Journal of Personality and Social Psychology* 68 (4): 671 – 686.

Snyder, M. and Omoto, A. M. 2008. "Volunteerism: Social Issues Perspectives and Social Policy Implications." *Social Issues & Policy Review* 2 (1): 1 – 36.

Strauss, A. L. 1987. *Qualitative Analysis for Social Scientists*. Cambridge: Cambridge University Press.

Wilson J. 2000. "Volunteering." *Annual Review of Sociology* 26 (1): 215 – 240.

书 评
BOOK REVIEW

社会组织参与重大突发事件治理的行动策略及局限

——评《重大突发事件应对——政府与非营利组织协作之道》[*]

许 源 张苗苗[**]

摘 要：进入新时期以来，重大突发事件呈现多元化和常态化的特点。面对成因复杂、危害严重的重大突发事件，单靠政府的力量无法实现有效控制和及时解决，政社协同下的多元主体参与治理已成为必然。社会组织作为社会力量的重要组成部分，能够充分利用自身优势，为突发事件应对提供大量人力、物力、财力支持和专业心理疏导、物资对接调配等服务，在加强和创新社会治理中具有巨大潜力和独特作用。同时，社会组织行动中存在的参与制度空间不足、组织公信力危

---

[*] 基金项目：教育部人文社会科学研究青年基金项目"政府购买服务有效促进社会组织发展研究"（项目编号：19YJC810012）；湖南省哲学社会科学基金项目"湖南省政府购买服务有效促进社会组织发展研究"（项目编号：18YBQ028）；中央高校基本科研业务费专项资金资助项目"政府购买服务的组织环境与社会组织行为研究"（项目编号：531118010020）。

[**] 许源，湖南大学公共管理学院助理教授，上海交通大学管理学博士，主要从事社会组织管理、政府购买服务、社会治理等方面的研究，E-mail：jsxy1221@126.com；张苗苗，湖南大学公共管理学院硕士研究生，主要从事社会组织管理、社会治理等方面的研究，E-mail：2473199700@qq.com。

机、应急救灾能力不足等局限，亟须构建社会组织参与重大突发事件治理的制度安排和运作机制，加强社会组织参与协同治理的能力建设，充分发挥社会组织参与重大突发事件应对的重要作用。

关键词： 政社协同　社会组织　重大突发事件　行动策略

随着社会结构的转型和社会环境的改变，各种重大突发事件频繁发生，严重影响人们的日常生活，对新时期国家治理体系建设和治理能力提升提出挑战。如何有效应对重大突发事件是当前亟待解决的现实问题。政府在应对重大突发事件中起主导作用，但仅依靠政府无法在短时间内对重大突发事件进行快速有效处理。为有效应对重大突发事件、确保公共利益最大化，亟须引入社会组织、社会公众等多元主体参与重大突发事件治理。南京师范大学公共管理学院陆亚娜教授所著《重大突发事件应对——政府与非营利组织协作之道》（以下简称《重大突发事件应对》）一书，选取政府与社会组织协调应对重大突发事件作为研究主题，较为系统地研究政府与社会组织协调应对的必要性与可行性，探讨协调应对存在的诸多困境及其原因。该书认为有效应对重大突发事件的关键在于建立政府与社会组织协调应对的制度与相应机制，提出从政府、社会组织和社会公众三重维度出发，为政府与社会组织在重大突发事件中的协调应对创设内外环境和有利条件。本文评述《重大突发事件应对》一书，探讨社会组织参与重大突发事件治理的行动策略，分析社会组织参与重大突发事件治理的行动局限，并提出相应建议。

一　社会组织成为参与重大突发事件治理的重要主体

《重大突发事件应对》以政社协同为视角，认为政府与社会组织在重大突发事件应对中目标一致、功能优势互补，论证了社会组织参与重大突发事件的必要性与可行性。政府和社会组织协同治理的视角为理解重大突发事件治理主体拓展了思路。协同治理理论兴起于20世纪90年代，是一门有机结合协同论和治理理论的交叉理论。协同治理理论强调，协同治理的前提是治理主体多元化，不同治理主体是整体系统内的多个子系统，政府要促进这些子系统之间非线性的协调配合，最终实现整体系统的稳定和持续性运作，从而产生单个系统发挥不了的新功能（颜佳华、吕炜，2015）。政府在协同治理中起主导作用，但政府不再仅仅依靠强制力，更多的是通过与社会组织、企业等协商对话、相互合作的方式建立伙伴关系来治理社会公共事务（李汉卿，2014），从而实现国家、市场和社会之间的良性互动。协同治理是在政府、社会组织、企业、公民等子系统构成的开放系统中寻找有效治理结构的过程（郑巧、肖文涛，2008；李汉卿，2014），为解决公共治理过程中多元主体的共治问题提供新的视角。目前国内学者运用协同治理理论视角探讨公共危机管理、社会管理、国土空间治理、生态环境治理、跨域合作等问题（张立荣、冷向明，2008；燕继荣，2013；汪伟全，2014；温锋华、姜玲，2020）。

近年来，我国社会组织在数量、规模、能力等方面都获得了较快发展，逐渐成为协同治理的重要子系统。党的十九届四中全会提出，坚持完善"党委领导、政府负责、社会协同、公众参与、法治保障、科技支撑"的社会治理体制，充分肯定社会主体参与社会公共事务协同治理的迫切性与必要性。随着社会现实快速变化和各类突发事件常态化、复杂化，政府与社会组织的协同治理已成为一种重要趋势，也有利于实现政府和社会组织各自的功能及组织优势。就如《重大突发事件应对》一书分析，政府掌握着公共权力，具有权威性与强制力，拥有组织资源、经济资源和文化资源，在社会治理中有主导责任，也是应对重大突发事件的当然策划者、组织者和实施者（陆亚娜，2016）。一旦发生重大突发事件，政府可集中国家力量，运用并支配公共权力，迅速调集核心公共产品参与应对，具有宏观调配人力、物力、财力等各种物质资源的优势。而社会组织作为介于政府和市场之间的第三部门，因其民间性、非营利性、组织性、自治性和公益性的特点，能够反映不同社会群体的要求，具有不可替代的利益表达和利益协调功能，从而可以有效弥补"政府失灵"和"市场失灵"。重大突发事件应对中，社会组织可筹集社会闲散资源，组织志愿者对受灾群众进行及时有效的心理疏导、干预与救助（陆亚娜，2016），有效协助政府开展重大突发事件应对，提高政府危机管理的能力和效率。因此，政府与社会组织走向互助协作之路、形成协同网络具有必要性。我们应准确定位政府和社会组织在重大突发事件治理中的角色，构建长效的政社协同机制及网络，实现重大突发事件应对中的政社协同，提高重大突发事件应对能力。

二 社会组织参与重大突发事件治理的行动局限

重大突发事件应对中，社会组织在资源筹集、专业服务、组织协同等方面作用明显，但存在参与制度空间不足、组织公信力危机、应急救灾能力有待提升、专业救灾类组织缺乏等问题。

（一）社会组织参与协同治理的制度安排尚未建立

目前，政府和社会组织协同参与重大突发事件治理的制度安排尚未建立，具体表现为社会组织参与重大突发事件治理的制度空间有限、具体协作机制缺乏。

《中华人民共和国慈善法》第30条规定："发生重大自然灾害、事故灾难和公共卫生事件等突发事件，需要迅速开展救助时，有关人民政府应当建立协调机制，提供需求信息，及时有序引导开展募捐和救助活动。"社会组织参与应对需要与民政部、应急管理部、卫健部等多个部门沟通。但由于现实中没有顶层设计和联动机制，一些社会组织无法及时响应和参与。政社协同治理响应重大突发事件的运作机制亟待建立。

（二）社会组织出现公信力危机

社会组织具有内在局限性和自身能力的脆弱性，在其志愿活动中也可能会发生慈善不足、家长式作风、业余主义等志愿失灵现象（莱斯特·M.萨拉蒙，2008：46~50），影响其对社会需求的快速响应和对物资的及时统筹调配，尤其在危机出现时，由于海量的多元化需求和高涨的社会捐赠一起涌现，社会组织容易因信息不对称和资源对接能力不足而出现管理能力、执行能力不足的情况，表现出有心无力的状态。

（三）社会组织应急救灾能力有待提升

部分社会组织通过资源整合、提供专业服务、形成协作网络参与应急救灾，但整体而言，我国社会组织参与应急救灾的服务专业化程度还有待提升。具体原因有几个方面。一是无渠道及时掌握服务对象的需求。这些社会组织在日常服务中未与服务对象建立密切联系，未在社区形成良好的服务网络。二是无资源筹集能力。部分社会组织的资源来源单一，对政府购买服务的依赖程度较高，无能力、无渠道开展多元化筹资。三是无足够人力参与应急救灾。部分社会组织的专职人员较少，组织能够动员的人力资源非常有限。

（四）专业救灾类社会组织数量不足

社会组织是重大突发事件应对的重要力量，但专业开展救灾防灾类的社会组织比较缺乏，这是我国救灾防灾类社会组织数量不足的反映。据基金会中心网报告，2015年我国关注安全救灾领域的基金会共有161家、公益项目188个。[1] 据中国发展简报的《非营利组织名录》分类统计，纳入名录的5325家社会组织中，救灾领域的社会组织仅有

---

[1] 《安全救灾领域基金会概览》，http://www1.foundationcenter.org.cn/report/content?cid=201701013175222，最后访问日期：2020年8月30日。

159家,[①] 且其中绝大多数组织只是把救灾作为业务范围之一,并未专注灾害救助业务。

救灾类社会组织数量不足主要有两方面原因。第一,重大突发事件的特征造成救灾类社会组织业务活动的不确定性。突发公共事件是突然发生的,给社会带来不同程度的危险和破坏,需要政府与其他社会主体紧急处理和协调应对的事件。突发公共事件具有突然暴发的特征,暴发速度快、暴发事件极具偶然性、暴发地点具有不可预见性、暴发程度更加无法预测,会给正常的公共秩序和公众社会心理造成极大的冲击,使社会瞬间陷入失范状态(金太军、赵军锋,2018:34)。突发性、不可预料的服务领域特征导致社会组织无法制定组织长远战略规划,也无法安排组织业务活动及配置相应的人力资源,筹集不确定的救灾资源,使救灾类组织发展存有很大的不确定性。第二,资源筹集困境影响救灾类社会组织的生存和持续发展。救灾类社会组织服务领域的不确定性,使资源筹集在突发事件发生与未发生时呈现巨大差异。突发事件发生时,公众、企业等社会资源大量涌入,支持该类组织投入突发事件应对;而突发事件未发生时,该类组织因业务领域活动无法开展,很难获得公众捐赠、企业资助等资源支持,组织生存存在困难,更无法实现更大规模的持续发展和专业能力积累。救灾类社会组织缺乏,使社会组织在重大突发事件中缺乏足够的组织化、专业化力量,无法给予专业意见和指引,也无法促使政府将其视为必不可少的协同治理伙伴并将其纳入突发事件应对的协同框架。

三 促进社会组织有效参与重大突发事件治理的建议

完善重大突发事件应对中社会组织参与的政社协同治理体系,有

---

① 《非营利组织名录》,http://www.chinadevelopmentbrief.org.cn/index.html,最后访问日期:2020年8月30日。

必要建立政府与社会组织的协调应对机制，提升社会组织参与协同治理的能力，实现政府与社会组织的良性互动和有效协同。

（一）建立社会组织参与协同治理的制度安排

缺乏明确开放的制度空间及可操作性的制度规范是重大突发事件应对中政府与社会组织协作治理的主要障碍之一。《重大突发事件应对》一书提出，在制度层面上，应通过科学合理的制度设计，为社会组织参与重大突发事件创设良好的环境（陆亚娜，2016），将社会组织纳入重大突发事件协同治理的制度框架。政府需要扩大社会组织成长的行政制度空间，在顶层设计上建立重大突发事件政府与社会组织协同治理的制度安排，明确政府与社会组织以怎样的行动方式构建应对重大突发事件的协作关系，对二者在重大突发事件中的权责进行界定，将社会组织作为协同治理的重要主体，从而有效发挥社会组织在重大突发事件应对中的重要作用。

（二）构建社会组织参与协同治理的运作机制

根据《中华人民共和国突发事件应对法》的相关规定，我国应急管理体制坚持"统一领导、综合协调、分类管理、分级负责、属地管理"的总原则。《中共中央关于构建社会主义和谐社会若干重大问题的决定》提出"统一指挥、反应灵敏、协调有序、运转高效"是应急管理机制的基本要求。依据这些基本要求，《重大突发事件应对》一书认为，构建政府与社会组织有效协调应对重大突发事件的机制，纵向上应建立自上而下的政府与社会组织协调应对的机构设置，横向上应建立一套涵盖事前、事中、事后整个过程的应对机制，形成纵横联合的应急协调应对机制。纵向机构设置上，可依托我国自上而下的政府应急管理部门，把挂靠各级政府部门的、符合资质要求的社会组织纳入各级应急管理机构的成员中，建立各级政府应急管理部门与社会组织的协同机制（陆亚娜，2016）。被纳入应急管理系统的社会组织，突发事件前制定本机构相关应急预案，形成协调、管理、支援等方面的程序与规范，定期进行模拟联合训练，突发事件发生时协同政府部门、立即投入突发事件应对。横向应对机制上，可建立涵盖重大突发事件的事前、事中、事后全过程的协同应对机制，建立统一指挥与管理机制、联合准备机制、信息沟通机制、利益表达机制、资源协调机制、互为监督机制、事后重建机制（陆亚娜，2016）。而社会组织各个环节都可以发挥协同参与的作用。

（三）加强社会组织参与协同治理的能力建设

社会组织应该树立参与重大突发事件的主体意识，克服对政府的依赖性，结合自身定位和组织优势，开发特色项目，通过不同渠道筹集资金，获得资源支持。同时，社会组织要积极学习借鉴兄弟机构的成功经验，完善组织的管理，加强团队建设，准确定位组织使命目标，及时调整行动策略，提升自身能力。

（四）促进专业救灾类社会组织数量与能力提升

我国专业救灾类社会组织数量较少，具有兼职化、临时性特征，体现出参与突发事件应对的救灾专业化发展不足、缺乏相应标准、服务碎片化等问题，影响社会组织参与重大突发事件治理的应对效率和资源效能发挥。对此，亟须加强专业救灾类社会组织的发展，以应对风险社会时代各类突发事件，增强政府应急管理的协同力量。推动救灾类专业社会组织的数量和能力提升，政府需要转变思维观念，重视社会组织在重大突发事件中的作用和专业救灾类社会组织的培育，给予社会组织相应的资源与政策支持。一方面，政府可扩大政府购买服务范围，通过向社会组织购买减灾、防灾、紧急救援等服务拓展专业救灾组织的业务空间，使其获得资金支持，形成稳定的业务收入。另一方面，政府可通过相应的税收优惠、人才培养、租金补贴等政策扶持救灾类专业社会组织发展，协调减免专业救灾类社会组织的租金及税费，为从事专业救灾的人员和志愿者提供就业补助及相应补贴，开展专业救灾人员的能力建设，留住具有专业救助能力的人才。救灾类专业社会组织发展将为我国突发事件治理提供专业化、社会化的协同力量。

【参考文献】

金太军、赵军锋，2018，《风险社会的治理之道：重大突发公共事件的政府协调治理》，北京大学出版社。

莱斯特·M.萨拉蒙，2008，《公共服务中的伙伴——现代福利国家中政府与非营利组织的关系》，田凯译，商务印书馆。

李汉卿，2014，《协同治理理论探析》，《理论月刊》第 1 期，第 138~142 页。

陆亚娜，2016，《重大突发事件应对——政府与非营利组织协作之道》，南京师范大学出版社。

汪伟全，2014，《空气污染的跨域合作治理研究——以北京地区为例》，《公共管理学报》第 1 期，第 55~64 页。

温锋华、姜玲，2020，《京津冀区域国土空间协同治理：历程、特征与趋势》，《城市发展研究》第 4 期，第 49~54 页。

颜佳华、吕炜，2015，《协商治理、协作治理、协同治理与合作治理概念及其关系辨析》，《湘潭大学学报》（哲学社会科学版）第 2 期，第 14~18 页。

燕继荣，2013，《协同治理：社会管理创新之道——基于国家与社会关系的理论思考》，《中国行政管理》第 2 期，第 58~61 页。

张立荣、冷向明，2008，《协同治理与我国公共危机管理模式创新——基于协同理论的视角》，《华中师范大学学报》（人文社会科学版）第 2 期，第 11~19 页。

郑巧、肖文涛，2008，《协同治理：服务型政府的治道逻辑》，《中国行政管理》第 7 期，第 48~53 页。

策略行动者：行业协会商会政策参与的新角色

——评《中国行业协会商会政策参与——国家与社会关系视角的考察》*

吴昊岱[**]

摘　要： 行业协会商会通过政策参与能够在国家经济社会治理中发挥重要作用。《中国行业协会商会政策参与——国家与社会关系视角的考察》一书，系统分析了中国行业协会商会与政府关系多元化与动态性的新形态。突破以往研究关于行业协会商会作为"传声筒"或是"游说者"的角色争辩，该书提出了当代中国行业协会商会在政策参与中的"策略行动者"新角色。通过采用混合研究方法，该书考察了当代中国行业协会商会政策参与现状和策略性互动机制，弥补了以往研究在广度和深度结合上的不足。全书表明，在多元化、动态性的政会关系中，行业协会商会通过与政府开展有效的策

---

[*] 基金项目：国家社科基金重大项目"政府培育发展社会组织的效应研究"（项目编号：18ZDA116）。
[**] 吴昊岱，浙江大学公共管理学院博士研究生，浙江大学社会治理研究院研究助理，主要从事社会组织、社会治理等方面的研究，E-mail：hdwu@zju.edu.cn。

略性互动与合作,成为创新经济社会治理的重要驱动力。

关键词:行业协会商会　政策参与　政会关系　策略性互动

让行业协会商会通过政策参与走上前台,是充实国家经济社会治理的重要方式。在相当长时间内,政府行政权力对自治权的过度介入导致了中国行业协会商会的"行政化"(郁建兴,2018)。行业协会商会行政色彩浓厚深刻影响着行业协会商会政策参与的角色和机制。自党的十八大以来,党中央、国务院明确以新一轮行业协会商会与行政机关脱钩(简称"行政脱钩")作为"加快形成政社分开、权责明确、依法自治的现代社会组织体制"的突破口。在强行解除行业协会商会行政控制、变革政会关系的同时,政府也以持续的制度性安排完善行业协会商会政策参与的外部制度环境,培养行业协会商会政策参与的意愿和能力。在"硬"脱钩和"软"培养之间,政府与行业协会商会的关系如何重新定位?行业协会商会政策参与的角色如何扮演?行业协会商会与政府的互动机制如何刻画?这些都是需要着手研究的新问题。新著《中国行业协会商会政策参与:国家与社会关系视角的考察》于近日面世,为回应上述一系列问题指明了方向(沈永东,2019)。

一　政会关系的新形态:多元化、动态性

政府与行业协会商会的关系(简称"政会关系")始终是中国行业协会商会发展面临的最核心、最普遍也是最为困惑的问题(王名、贾西津,2004)。其核心在于政会之间因权力、地位悬殊而展现出的"控制与自主"的紧张关系(Teets,2013)。这种紧张关系反映到行业协会商会政策参与研究中,表现为或者主张行业协会商会处于强势政府的控制或庇护下,或者申明行业协会商会已展现出自主性游说的行为,因而无法用法团主义、多元主义等单一政会关系理论来解释(纪莺莺,

2016)。这表明,实践中的政会关系已表现出这些理论无法统合的新形态。该书开篇就对中国国家与社会关系研究进行了批判和反思。通过回顾国家与社会关系从国家-社会二分向国家-社会互动的演进,该书指出,对当代中国政会关系的判断,需要从单一走向多元、从静态走向动态。

政会关系的多元化与动态性和当前政会关系改革现状相吻合。一方面,行政脱钩硬性解除了政府对行业协会商会的行政控制,但政府对行业协会商会并未全面脱管。政会关系的调整是一个"解构与重构"的过程(马长俊,2020)。在这个意义上,政会关系具有动态性。另一方面,广袤国土之上,区域差异、层级差异、脱钩进展差异,使得政会关系在实践中呈现多元化特征,进而决定了行业协会商会转型发展的多元模式(周俊、赵晓翠,2018)。在这种多元化、动态性的新形态下,以往任何从静态的、单一的政会关系视角考察行业协会商会政策参与的尝试都面临极大挑战,亟须理论创新。

二 行业协会商会政策参与的新角色:策略行动者

由于缺乏对政会关系新形态的把握,研究者对行业协会商会政策参与的角色定位莫衷一是。一条研究路径聚焦政会关系的宏观结构,关注政会权力、地位的差异,论争中国行业协会商会发展模式究竟是法团主义还是多元主义;另一条路径则聚焦政会关系中的微观行动,分析行业协会商会或政府单一主体的行动。由此,结构论争与微观行动成为政会关系研究的两大路径。

相应的,对于中国行业协会商会政策参与角色形成以下争论:行业协会商会究竟是传递政府政策指令的"传声筒",还是代表社会利益的"游说者"?"传声筒"角色的研究指出,行业协会商会缺乏自主性,只是政府结构的延展,在政策过程中只是自上而下传达政府意志的传递者。它们承接政府职能,成为政府制度的重要组成部分(Unger and

Chan，2015）。成功的政策参与并非因为行业协会商会能主动改变政府意志，而在于政策方案能回应政府意志。"游说者"角色的研究则指出，行业协会商会代表社会利益，以游说的方式影响公共政策的制定和执行。全国性行业协会商会政策游说活动较少但影响力大（Deng and Kennedy，2010）。地方行业协会商会则以行业名义与政府谈判、游说政府（江华、张建民、周莹，2011）。

该书引入吉登斯的结构化理论，意图弥合两条路径的分歧。结构化理论指出，社会结构是行动者行动的前提和中介，行动者的行动既维持又改变着社会结构。以这一理论为基础重新审视政会关系，该书提出：行业协会商会和政府都具有能动性、策略性和调适性；政会互动具有多元化、动态性和持续性；政会互动受到外部环境约束，也改变外部环境。超越"传声筒"和"游说者"的限定，该书提出了行业协会商会政策参与的"策略行动者"的新角色。政府与行业协会商会作为双重能动主体通过策略性互动，构建行业协会商会政策参与的新机制。

三 政会互动的新机制：策略性互动

行业协会商会与政府双方都具有能动性、策略性和调适性，因而行业协会商会政策参与在机制上体现为一种策略性互动。全书结合大样本问卷调查和多案例分析，验证了政会双方的策略行动者角色、策略性互动机制，以及这种互动机制与外部环境的相互影响。

该书发现，当代中国行业协会商会政策参与对象多样化，参与途径和方式多元化，政会双方的互动机制呈现策略性。在参与对象上，各级党委、政府、人大、政协、工商联都是行业协会商会政策参与的目标。与以往相比，行业协会商会凭借政策参与对象的多样化，更多地嵌入国家与社会的多维关系中（宋晓清，2018）；在途径和方式上，信息影响、公共关系和信任构建组成了行业协会商会政策参与的多元途径，正式参与多于非正式参与；在政会互动机制上，该书以奥利弗描述组织在制度过程中可能选择的策略（默认或遵守、妥协、回避、反抗、操纵）为基础，加上斯科特的"多组织合作"策略，构建了政会策略性互动的六个维度。通过多个案例实证调研分析，该书发现，无论这些行业协会商会政策参与是否成功，都体现出行业协会商会与政府之间的双重能动、双向互动。政府与行业协会商会在实践中开展基于上述六种策略的策略性互动，而且这种互动是持续、动态的，策略性互动同时也塑造着外部环境。这表明，当代中国政府与行业协会商会政策参与的互动机制是多元、动态且灵活、可调适的。行业协会商会与政府均扮演着策略行动者的角色，而行业协会商会的政策参与行动则在策略性互动中展开。该书翔实的研究，加深了我们对当代中国政会互动机制的新认识。

四 结语

作为全面考察当代中国行业协会商会政策参与的一部力著，全书的贡献体现在以下方面：其一，论证了当代中国政会关系的多元化与动态性：同一时期政会关系存在不同类型，同一行业协会商会与不同政府部门之间也呈现多元化关系；其二，努力尝试统合结构论争和行动分析两大路径，论证了行业协会商会政策参与的策略行动者角色：行业协会商会面对多样化的政策参与对象，采取了多元化的途径和方式开展政策参与；其三，对吉登斯的结构化理论进行了检验，验证了外部环境与政会双重能动主体间的结构和能动统一；其四，在研究方法上实现了问卷调查和案例分析相结合的混合研究方法尝试，弥补了以往研究在广度和深度上结合的不足。

与此同时，该书在解决问题的同时也衍生了未来可研究的话题。首先，该书聚焦地方行业协会商会政策参与，有待拓展到全国层面行业协会商会政策参与行动。当前有学者描绘了全国工商联的策略行动，但深度案例有待提升（Huang and Chen, 2020）。策略行动者和策略性互动能否全面概括全国层面行业协会商会仍需更多验证。其次，该书案例选取东部地区行业协会商会，有待于拓展到中西部地区。虽然已有研究佐证了我国东南部地区行业协会商会策略性行动频繁（Heberer and Schubert，2018），但中西部地区现代商会组织政策参与的研究仍然稀缺，这些区域展现的政会关系、政策参与角色和机制需要进一步验证。最后，当前围绕行政脱钩而变革的政会关系中，出现了"加强党建"的新现象（Shen，Yu，and Zhou，2020）。政会关系发展为政党、政府与社会关系的三分法（景跃进，2019）。党建的开展对于政会关系、行业协会商会政策参与角色和机制产生的影响是未来研究的重要方向。

即便如此，该书仍然具有极其重要的意义。全书使我们看到，当前行业协会商会已实现单一角色的超越，在政策参与中展现出多样化的政策参与对象、多元化的政策参与途径和动态性的政策参与机制。党和政府激发行业协会商会自主性和活力的一系列改革，对其政策参与意愿和能力的培养，逐渐显现成效。全书表明，在多元化、动态性的政会关系中，行业协会商会可以与政府开展有效的互动与合作，可以走上前台，成为创新经济社会治理的重要驱动力。

【参考文献】

纪莺莺，2016，《转型国家与行业协会多元关系研究——一种组织分析的视角》，《社会学研究》第 2 期，第 149~169 页。

江华、张建民、周莹，2011，《利益契合：转型期中国国家与社会关系的一个分析框架——以行业组织政策参与为案例》，《社会学研究》第 3 期，第 136~152 页。

景跃进，2019，《将政党带进来——国家与社会关系范畴的反思与重构》，《探索与争鸣》第 8 期，第 85~100 页。

马长俊，2020，《解构与重构：行业协会商会脱钩改革的政会关系变迁研究》，《行政管理改革》第 2 期，第 78~87 页。

沈永东，2019，《中国行业协会商会政策参与：国家与社会关系视角的考察》，浙江大学出版社。

宋晓清，2018，《超越"政企桥梁"：行业协会商会的角色再定位》，《治理研究》第 4 期，第 94～101 页。

王名、贾西津，2004，《行业协会论纲》，《经济界》第 1 期，第 71～76 页。

郁建兴，2018，《改革开放 40 年中国行业协会商会发展》，《行政论坛》第 6 期，第 11～18 页。

周俊、赵晓翠，2018，《脱钩改革后行业协会商会的转型发展：模式与挑战——基于 S 市 A 区的实证分析》，《治理研究》第 4 期，第 85～93 页。

Deng, G. S. and Kennedy, S. 2010. "Big Business and Industry Association Lobbying in China: The Paradox of Contrasting Styles." *The China Journal* 63: 101 – 125.

Dongya Huang and Minglu Chen. 2020. "Business Lobbying within the Party-State: Embedding lobbying and Political Co-optation in China." *The China Journal Volume* 83.

Heberer, T. and Schubert, G. 2018. "Weapons of the Rich: Strategic Behavior and Collective Action of Private Entrepreneurs in China." *Modern China*: 1 – 33.

Teets, J. C. 2013. "Let Many Civil Societies Bloom: The Rise of Consultative Authoritarianism in China." *The China Quarterly* 213 (2): 19 – 38.

Unger, J. and Chan, A. 2015. "State Corporatism and Business Associations in China." *International Journal of Emerging Markets* 10 (2): 178 – 193.

Yongdong Shen, Jianxing Yu, and Jun Zhou. 2020. "The Administration's Retreat and the Party's Advance in the New Era of Xi Jinping: The Politics of the Ruling Party, the Government, and Associations in China." *Journal of Chinese Political Science* 25: 71 – 88.

访谈录
INTERVIEWS

理念倡导与技能补充：灾害合作治理中的社会力量

——访江山市红盾应急救援队叶祥飞队长

李 悟

访谈时间： 2019年6月29日 上午9：00~11：00
访谈地点： 浙江省衢州江山市双塔街道北环路105号
受访者： 叶祥飞（江山市红盾应急救援队队长）
访谈人： 李悟（中国人民大学公共管理学院博士研究生）

【江山市红盾应急救援队简介】

江山市红盾应急救援队是一支由户外运动爱好者发起并于2014年正式成立的公益性团体，成员主要来自机关、学校、企业等组织。目前，救援队有队员100多人，其中一线队员30多人，以水上救援助危为主。救援队自成立以来，多次邀请相关专家为队员传授水上救援、山地救援、应急救护等技能，同时救援队员将自身学到的知识和技能传授给身边的人，宣传防灾减灾知识，推广自救互救的理念，倡导让更多的人走上公益救援的道路。目前，这支社会队伍加强了与相关政府部门的合作，既出现在各项应急救援任务中，也出现在江山市大型活动的安保现场，成为江山市应急和安全保障中重要的社会力量。据统计，2018 年，江山市红盾救援队共参与各类救援、保障等出勤任务 101 次，组织各类训练近 63 次。

【人物简介】

叶祥飞，男，浙江江山人，江山市公益救援促进会会长，江山市红盾应急救援队队长。2004 年退役于中国人民武装警察部队江苏总队，2007 年参加筹建衢州地区第一支合法民间公益组织"江山义工总队"，2014 年组织筹建"江山市公益救援促进会"和"江山市红盾应急救援队"。现有学员 700 多人，组织过 7000 多人次参加各种应急救援和应急保障任务，组织推广自救互救技术受益者超过 3 万人次，2018 年开始推广水域自救技术。参加过 2017 年沪昆铁路江山港抗洪抢险、2019 年江山"6·6"抗洪抢险，直接和间接救援了 200 多人。

李悟：叶队长，您好，感谢您接受《中国第三部门研究》的访谈。红盾应急救援队作为江山市重要的社会应急力量，最初的发起和目前队伍的基本情况是怎么样的？

叶祥飞：我们是 2011 年开始做的，涉及民间公益救援这块。我们从 2014 年 2 月开始申请正式注册，申请持续了一年，注册文件下来是 2015 年 12 月。之所以慢，是因为我们是整个衢州第一家注册的，按照法律框架是可以注册的，但是没有先例，民政局和相关部门不知道怎么弄。现在我们分成三部分，第一部分是学员，第二部分是会员，第三部分是队员。参加过我们的救护培训的学员，只有拿到救护证才能成为我们的会员。我们现在学员有 500 多人，会员有 70 多人。我们救援队挂在协会下面，队员有 100 多人，骨干队员有 30 多人。现在队伍主要做的是水域救援和山地救援，以水域救援为主。因为我们这里山地虽然很丰富，但是外地来玩的不多，在乡下爬山的人也不多，老人不会去，野外旅行的也不去，他们去的都是比较安全的地方。

李悟：现在队伍成员的救援技能掌握情况是怎么样的，都涉及哪些方面的内容？

叶祥飞：基于水域和山地这两大类救援，我们有40~50个项目需要考核，主要分为五个大类。第一是基础类，主要考核体能。我们会以中国登山协会体能标准进行考核，例如，3000米跑、单杠、引体向上、俯卧撑等。第二是救护类，主要是CPR（心肺复苏术）技能的掌握。第三和第四是绳索类和山地类，涉及速降、丛林流浪、负重穿越等。第五是水域类。水域类的比较多，我在这部分比较擅长。国际上有一个国际水域搜救教练联盟，我们浙江组织了一个浙江水军，是原先我们一帮朋友在学习美国的体系之后建立的。这个体系是国外体系，国内是没有的，所以我们几个教练就组织起来成立了浙江水军。我们平时会给省一级的消防比赛当裁判、给消防总队做培训等，现在政府部门在用民间的体系，我们给他们发放执照，政府都是默认的。

李悟：就技能培养和掌握这一块还是挺重视的，那目前支撑培训和队伍运行的资金来源主要有哪些？

叶祥飞：现在我们和民政局有一个5万元的公益创投。公益创投是做全市范围内防溺水的培训，2018年上了100多节课。其实教育部每年的教程都在更新，但是更新的量和观点还很落后。像人员落水这种情况，教育部建议不要个人去救，要找公安等部门，这个观点和我们不一样，我们说一个一年级的学生不能去救是好的，但是对于大人，我们不用去找公安等部门，自己直接救了就行。还有，教育部主张不去接触水就永远不会溺水，这是不可能的，很多是被动式接触的，例如，洪水是不可避免的。以前把人救出来要放在牛背上去控水，认为人溺水是因喝水而亡的，把水弄出来就好了，现在根据最新《2010国际心肺复苏及心血管急救指南》是不做控水，直接CPR就可以。2018年我们也算立了小功。江山的江滨这条河，每年都会有人溺水身亡，特别是中小学生，2018年我们做防溺水技术推广，做值守，顺带自己训练桨板技术，就没有因放暑假戏水而溺水身亡的未成年人。我们有一个学员，钓鱼时让水冲走，本身也不会游泳，但也成功完成自救。

其他的就是做活动和项目。我们这里有一个叫"江山一百"的国际越野跑比赛，这是有活动安保开支的。每年比赛，我都会邀请外面的队伍和我们一起做赛事保障。我们在无人区进行保障，海拔1400米以上，运动员身上有北斗，只要运动员报警，最慢20分钟，最快几分钟，我们就会赶到运动员身边。主办方会给我们开支，像路费、食宿的报销，大概每人每天100元。这种赛事保障，"江山一百"一年一次，加上其他项目活动大概一年就有两三次保障。我们省吃俭用一点，就可以给队员提供一些小福利。

李悟：您前面提到救援队是挂在协会下面的，那会费能够占到队伍主要资金来源的多大比例？

叶祥飞：红盾救援队是挂在协会之下的，会员会费是一个人200元，但是会分具体情况，像新进会员，第一年和第二年是200元，然后第三年减半，如果出勤量超过总出勤量的一半，则会费全免。我们总共有70多个人，收会费也没有多少钱，没有意义。

李悟：叶队长，像我们这种社会救援力量，救援装备和队员保险都是很重要的，这两个方面您是怎么安排的？

叶祥飞：装备都是队员自己购买的，我们称为个人装备。关于装备方面，我们实行的是这种方法：如果你想加入我们救援队，那你先考取救护员证，再通过一年的培训，我们会根据个人特点和技能喜好，经过队里同意就可以添置个人装备；如果你在队里志愿服务3年以上，每年的出勤量占队伍总出勤量的一半以上，3年之后购置装备的钱就会返还给你，同时装备还是你的。这样做的好处是个人会比较爱护装备，避免装备的过度损耗，在使用过程中也会安全一些。另外，如果你中间想退出队伍，这也不影响，因为我们的目的是推广自救互救的知识，万一哪一天你遇到灾害，也能够自保，不是一定让你留在这里；如果你只参加我们的训练也是可以的，但是装备的钱不会返给你。实际上每个地方都有这种情况，有的队员是这段时间比较空闲，自己觉得很好玩，然后兴趣过了，突然就不来了。所以我们培训500多人，会员70多人，骨干队员才30人，这是经过层层筛选的。

这些队员来了，就要购买保险，现在能购买救灾类保险的主要有三个部门：公安部门、消防部门和应急管理局。其他的像人身意外险，报销不了，因为我们是主动涉险。明知道这里有洪水，还是要过去，这种情况保险公司是不接受的。所以前段时间某个队伍在做绳索训练，队员摔下来受伤了，这就报销不了。我们现在是每个人保2000元，保了30多个队员，这是应急管理局给我们买的。民间队伍最大的问题就是买不到保险。我们队伍就是你参加训练，我就给你买一份保险，这个保险是户外运动险，如果训练中出事还能报销。民政部门也可以买，但是名额很少。

李悟：从刚刚您讲到的内容可以看出，现在您的队伍和政府的互动比较多，那么和政府哪些部门来往比较密切，或者哪些部门对您的队伍影响比较大？

叶祥飞：消防部门和公安指挥中心是直接有任务给我们。现在是应急管理局直接给我们任务，这其中也很有矛盾。队伍"6·6"抗洪的时候，市委对我们的评价很高。因为我们不是第一个接到命令的，但是是第一个到达现场的救援力量。结束之后，评估颁奖，应急管理局说名额不限，那我就把去前线的每个人都写上了，但各个单位在填写推荐单位时有分歧，协调不是很顺畅。

民兵这一块，以前没有应急管理局，抢险救灾大部分是部队，主要是现役和民兵这两块，我们为什么要合作呢？有两点原因：第一，很多地方我们进不去，要以民兵的名义才能进到现场；第二，只要是从民兵这里出去的，基本保障是有的，人员有补贴（150元）和餐补。我们是这样操作的：每年我报30个名额给人民武装部，实际上我有70个人，但是这次救援我出了30个人，这30个人并不一定是报给民兵的30个人,最后人民武装部给我们补30个名额。我们现在就是补的钱不给个人,而是统一收上来,避免你没去还补给你,然后再补到开支中去。

李悟:像现在这种情况下,您觉得您作为社会力量的代表与公安部门和消防部门的体制力量分别在发挥什么作用?

叶祥飞:从某个角度来讲,目前全国民间救援队总的数量在1000多家,浙江大概有400多家,包含很多没有注册的,像红十字救援队,因为没有注册就是红会的队伍,注册了就成了民政部门的队伍;像公安部门的职能是维护社会治安,消防部门的工作是灭火,那水域谁做?山地谁救?其实除了火灾之外的灾害种类是很多的,民间救援队存在的意义,其实就是政府的有效补充。这句话怎么理解?比如,一个人失踪了,政府部门是做不到马上去找的。基于这一点,我们民间救援队是只要你确认真的失踪了,我们马上去找,这就是直接补充或者是框架内的补充。如果把这个事全部归到公安机关,那公安机关就更忙了。前几天,江山有个人走丢了,让我们帮忙去寻找,我说你先报警,他说已经报警了,然后我建议他去查监控,但是有规定个人不得随便查看天网监控。我们不一样,我们和综合指挥中心合作,取得合法授权和部门同意,只要事实确认和情况需要,我们就可以调取江山天网系统的监控摄像头。

李悟:叶队长,我发现一种现象,就是像防灾减灾的宣传教育政府是通过公益创投或者购买的形式给你们的,但是现场救援是直接派给你们,您是如何理解这个现象的?

叶祥飞:这个话题不能剥开讲,从现实来讲确实是这样。民间团体本身就是政府力量的补充,但是我觉得购买之后定位就不一样了。我们主动接政府的救援,这种荣誉感不一样,然后我们有实战了。为什么和人民武装部合作?目的就是如果真的有灾难了我们可以进入现场。我们本身对政府的工作是很支持的,当政府的命令下达到我们这边,我们就要去执行。关于执行并不是因为这是一个命令,更多的时候是我真想去付出,现在我们每个人有2万~3万元的装备,还不能给家人讲,这是为了什么？一是价值的体现；二是荣誉感不一样，"你辛苦了"这句话的价值体现也不一样；三是训练归训练，对于实战还是有用的；四是为了集福，为自己、为家人。我很感动的一件事是，当时一个小孩子在景区翻下山坡，挂到灌木上，被我们救下之后还有意识，我们从山上抬到救护车上，父母都要给我们磕头。因为我们平时训练崖壁、垂直线，从技术角度来说，这对于我们是很轻松的事情，但是救上来后达到的层次就不一样了。所以，政府找我们，从某些角度来看，我们仅仅将其理解为这是一个信息。

如果现场救援采用购买形式的话，我们不一定去做，因为购买的是从钱的角度去看。我们第一年已经拒绝过一次，那一年公安部门转给我们的警情有 20~30 个，然后到 10 月，公安部门说"你们也辛苦了，我们赞助 10 万元"。我直接拒绝了，理由很简单，拿了钱，我们将失去那份荣誉和奉献之心，因为我们是民间的辅助救援力量。我们有个救援信息群，有一个人和家里吵架喝了酒，要跳江，110 接到报警后在群里发布消息。我们第一时间赶到，把人救上来，交给民警。为什么我们到现场比较快？第一，我们队员联系比较密切，平时坐在一起聊天，晚上做训练；第二，我们队员分散在各个区域，而且都是个人装备，信息发布之后，拿上装备就出发，很迅速。我们的初衷不是救多少人，不是为了钱，而是传播自救和互救的知识和理念。我们不敢接赞助的钱，责任太大。我们是志愿者，即使我是队长，我也没有权力指挥队员去救谁。现在每次有任务，我都说是什么事件，到哪里集合，需要携带什么装备，然后把信息发布到救援群里，队员自愿参加和报名。我没有权力直接下命令，没有说哪些工作我们是必须要做的，我们是志愿去做的，不给钱一样去做，给钱了反而有压力了。你很幸运，我刚刚给你喝的是没有过期的水，我那里还有过期两年的矿泉水，我们平时都喝那个。这次抗洪回来，全市都知道，各种慰问都来了，如果我想要的话，我们这里就堆满了，但是我们都没要。实际上我们可以接受物资，也可以适当接受一些钱，但是没有太大必要，更重要的还是要强大国字头的，他们是最辛苦的，我们只是辅助。

前几天，市长也说到这件事，意思是这次抗洪我们表现不错，给我们搞点装备。其实参加抗洪的有两家单位，一家是我们，另一家是消防队。消防队在山地和水域有弱势，甚至有些装备还没有我们好，所以趁着这次机会，我们和消防队都报了装备名录。那天我给市长说首先要保证国字头的救援队伍，他们永远是最强的，因为如果给我救援任务，我还得让队员把手头的工作放下去参加，但消防队不一样，工作就是救援，所以政府投入太多资源到民间也不合适，如果政府有资金，那么直接培养队伍就行，何必培养民间队伍。我们现在账目想上升到100万元是不难的，因为江山只有我们一家，和我们有合作的单位也多，但是我从来没有接受过捐赠，因为时机不成熟，我们没有专职人员，现在队员参与救援还完全处于自愿状态；如果时机成熟了，我们就可以有5~8个专职人员，这种状态就需要大量资金进入。

李悟：经过您的讲解，我大致了解了情况。另外，像浙江省近400余家的救援队，根据您的了解，可以划分为哪些模式或者类型？

叶祥飞：第一种是红十字会系统的。省红十字会和各级红十字会对于救援队贡献了很大的力量，当时成立的时候我找了红十字会，写了可行性报告，报告到市级，但是不批准，因为市级觉得风险很大，还有就是市级没有救援队，那么下面就不能成立，所以只能自己成立。现在民政部门是我们的发证机关，我们没有业务主管单位，是完全独立的，也和红十字会合作，但是我们签的是合作协议，红十字会派任务给我们的时候才使用红十字的标志，平时是不使用的。省红十字会不是应急部门，协助救助但不是救援救灾，更多的是做献血、补助和募捐等。

第二种是民政系统的，就是在民政局注册，没有主管单位。这种可以分为两种：一种是玩技术的；另外一种是"纸老虎"的，更多的是在救援队待过，自己退出救援队后成立。这种人很高调，平时不训练，真正救援时也不进灾区，就在外面拍照，一个担架15个人抬。从某个角度讲，这也正常，但是这种队伍真正有灾难时做不了什么事情，整个队伍没有概念。像陈剑明队伍,我们的理念比较接近,玩技术、花钱买装备、学技术教队员,这些都需要时间去沉淀,他也花费了很大的时间和精力。他的山地和地震救援比较厉害,单单就这两块内容就需要花费很多时间和精力去学。他比较亢奋,最近也在学矿山救援。

李悟：叶队长,作为救援队的队长,您对队伍未来的发展规划和方向是如何构思的？

叶祥飞：很多人说我作为队长,要想着怎么让自己的队伍发展壮大,但这个不是我的初衷。我们协会有一个宗旨就是推广自救、互救技术,在大的灾难中,不给国字头救援队添麻烦。例如地震,受过培训的人不需要救援队去救,这就是很大的救援。这次做总结的时候我说,我最想要的不是政府给多少钱、多少装备,而是把乡镇的领导干部集中起来,探讨什么是水域救援。因为我们在救援的时候,他们也很着急,也有直接往里面冲的。有一个村干部,扒着墙角,漂在水面上,我说："如果被水冲走了,我是先找你,还是先救援其他人？"对于我们组织来说,救多少人不是我们希望的,而是怎么把自救互救的理念和技术宣传出去。不久前,我的团队中有两名队员退出,理由很简单,没有分到荣誉。从个人角度讲,我觉得非常可惜,他们在这两年多付出了很多。但是对于协会来讲,不管在哪里,他们都能起到救援的作用,可以自救互救,不给其他人添麻烦。

不管协会怎么发展,其作用和地位都不能超越消防队,这是现实。至于如何发展,我想做的就是首先完善队员的福利,可以使个人装备配得更齐一些,自身保护更多一些。那次洪水救援,村干部穿着雨衣雨鞋,而我们的穿着很专业,光消防队伍来了6~7支,可以说当时的救援力量非常强大,但是真正能进现场的就3~4支队伍,而穿救援服的就我们1支队伍。我们队伍所穿救援服的特点是下水会湿,但是可以起到保温的作用；缺点是,我们进入的是第一现场,里面可能有农药、油,水也很脏,救援服可能被污染。我们身处污染区,但是我们的救援服不能抗污染,抗污染的干衣要8000~10000元。我们还需要更多的训练和保护,尤其是更多的保险名额,如果有能力买更多的保险,我们会员都要覆盖。我们还要把基础救援能力推给更多的人,把他们集中起来,进行自救互救知识的普及。

李悟:您现在所思考的正是我们社会力量参与灾害治理亟须补充上来的东西,非常有价值。非常感谢您接受我们的访谈,祝您的队伍越来越好。

生命感动生命，体察生命的滋味

——访湖南李丽心灵教育中心负责人李丽

许　源

访谈时间：2020 年 8 月 7 日 上午 9：30~11：40
访谈地点：湖南省长沙市天心区湘园社区公共服务中心
受访者：李丽（湖南李丽心灵教育中心负责人）
访谈人：许源（湖南大学公共管理学院助理教授）

【湖南李丽心灵教育中心简介】

湖南李丽心灵教育中心由 2007 年度"感动中国"人物李丽创办。机构前身是创办于 2005 年的衡阳李丽家庭教育工作室。2010 年 9 月在湖南省民政厅注册成立，是一家由共青团湖南省委作为业务主管单位的省级社会组织，是致公党湖南省委、致公党长沙市委和致公党天心区工委三级联动确定的致公党"精神助学"基地。机构秉承"让更多的人心灵富有"的使命，以及"治未病"的工作理念，以"塑造心灵教育，培育健康人格，医治心灵疾患，矫正人生目标"为机构目标，深入学校和社区开展社会工作服务，帮助青少年群体特别是孤儿、留守儿童、农民工子女和所谓的

"问题"孩子心理补钙,助其实现心灵的富有,倡导让"心理扶贫"成为新常态。机构打造"富心工程""开绘啦""青柚课堂"等公益产品,拥有成熟的技术和经验,并已规模化运营。机构先后荣获"民政部首批企业社会工作试点单位"、民政部"全国先进社会组织"、"全国百强社会工作服务机构"和"第三届湖南慈善奖",服务案例"心理扶贫"入选中央组织部"新发展理念案例选"丛书、被收入"国务院扶贫年鉴"。

【人物简介】

李丽,女,湖南李丽心灵教育中心、湖南乐创公益慈善发展中心负责人,致公党党员、美国侨眷、湖南省第十三届人大代表、湖南师范大学公共管理学院特聘硕士生导师。一岁多时患小儿麻痹症,双腿严重残疾。为了摆脱病魔,辗转数家医院,先后做过40多次大小手术,身上被迫切口270多条,最终换来"站立的人生"。然而,40岁时又不幸遭遇严重车祸,下半身从此完全瘫痪,至今身上仍装有6块钢板。面对病痛与磨难,她不仅没有怨天尤人、退缩逃避,反而凭借顽强的毅力,陆续创办多家企业。2004年,她毅然放弃企业董事长的身份,赴北京等地拜师研修心理学和家庭教育辅导。学成归来,她先后创办衡阳李丽家庭教育工作室和湖南李丽心灵教育中心、湖南乐创公益慈善发展中心,从事社会服务和公益事业长达15余年。李丽受到党和政府的高度肯定,赢得社会各界的一致好评,先后荣获2007年度"感动中国"人物、全国百名优秀志愿者、全国三八红旗手、全国百名优秀母亲、湖南省道德模范、民政部中华慈善奖提名奖等80多项荣誉。

许源:李丽老师,您好,谢谢您接受《中国第三部门研究》的访谈。我们在媒体上看到关于您的身体状况、特殊经历的报道。您愿意分享这些经历及其对您人生选择的影响吗?

李丽：好的。我当初最早决定放弃从商，要做当时还是一个模糊概念的社会服务，是因为我做这个工作确实有一些机缘，看似偶然，其实也是一种必然。这个偶然是什么？是我从事监狱帮教。2002 年我发生了非常严重的车祸，在医院里躺了半年时间，车祸给我的身体造成的创伤是巨大的。比如，我的脸缝了将近 100 针，毁了容，右手手腕已经断了，左腿断成 3 截，非常严重。医生跟我说，你以后就只能坐轮椅，以后再也不能走路。这半年时间里，我一方面要承受身体的创伤及后续治疗带来的痛苦，另一方面更多的是要承受精神上的折磨。所谓精神上的折磨，就是我一直觉得，我从出生到 40 岁——我那年发生车祸刚好是 40 岁。虽然我 1 岁多时得了小儿麻痹症，从小身体一直也是受到病魔的折腾，但是当 1969 年临近冬天父母决定送我去治病的时候，我才突然意识到原来我不是一个残疾人。

许源：那是您几岁的时候？

李丽：我是 1962 年出生。从我 1 岁多生病到 1969 年去治病的时候，我在地上爬行的 6 年多时间里，听到外界对我的称呼就是"残疾人"。实际上对幼小的我来讲，我也听不太懂，只是觉得这个名字不好听，感觉自己跟哥哥姐姐和邻居家的孩子不一样，用这个名字叫我，我很不喜欢听。突然听说父母决定送我去治病，我才意识到，原来我只是一个病人，把病治好后我就可以变得健康，和哥哥姐姐一样。我渴望成为一个健康人，我希望我能够早点站起来，帮父母做很多家务活。我人生的第一次励志，就是在听说父母送我去治病的时候。当再次遭遇车祸，我在医院的病床上思考。我觉得我从小虽然身体残疾，给父母、给家庭带来很多负担，但是我还是很坚强、很勇敢，配合治疗，加强锻炼。包括后来到学校去读书，我特别勤奋，特别努力。参加工作后，我在单位也非常积极。后来，我自己创业，稀里糊涂就成为一个在商场搏击的残疾女子。我在从商期间也做了很多善事，比如，我给企业所在地的农村小学捐款；我有个加油站，有一些客服，当他们遇到困难时，我都会第一时间给予帮助。这么多年我觉得自己是一个好人，都说好人一生平安，那为什么在我这么努力拼搏、实现自己生命价值的过程中，还会遭遇这么严重的车祸？医生讲，以后我只能坐轮椅。我过去通过那么多年的治疗可以走路了，现在一坐上轮椅，那就是名副其实的残疾人，以后的日子怎么过？自己的生命到底要朝哪个方向走？

许源：您是如何接纳这样的状态呢？感觉会很难接受这种现状。

李丽：谢谢你，我也为这个问题想过很多。那半年时间其实挺难的。1991年我从单位停薪留职出来就一直在商场拼搏，每天都有很多事务性的工作、应酬或者接洽业务，没有很多时间静下心来思考，反倒是车祸让我能够有时间静静地躺在床上去思考很多问题。在思考过程中，我觉得自己想明白了，不是老天不公平，其实老天很公平。为什么说它很公平呢？因为它让我成为我父母的女儿，让我出生在这个家庭。我们的家庭特别温暖，我的父母、哥哥姐姐真的非常爱我。我父母对爱的表达方式，是我挺喜欢的一种方式。在他们眼里，我不是一个残疾人，他们不会给我贴上残疾孩子的标签，也没有把哥哥姐姐叫到我面前，说你们要照顾妹妹，她是个残疾人。在我们这个家庭里，我就是一个非常正常的家庭成员，不会受到特殊照顾。我从9岁能够站起来开始，就一直承担家务活，后来因为承担的越来越多，都被评为家里的劳动模范，我的父母和哥哥姐姐都对我赞赏有加。我父母另外一种表达爱的方式就是，只要听说哪个地方可以给女儿治病，就不会考虑家里上有老下有小、经济条件不允许这些问题，都会跑到全国各地给我看病。我从小看病，从连坐都坐不稳，到可以拄着一个小手杖站立行走，这个过程我的家人付出了巨大的代价。

许源：父母的积极态度也影响了您，给您带来很大的正面影响？

李丽：没错，我受到家里比较好的文化基因传承的熏陶。除了我母亲的全心付出，父亲对我的关怀也很多。他经常把我跷到他的腿上，教我来唱《没有共产党就没有新中国》《学习雷锋好榜样》。我的家人之间互相关心，兄弟姐妹之间互相欣赏、互相保护。看似是我从小身体生病，遭受祸患，其实是因祸得福。第一个是，虽然我在课堂上学到的知识不多，但是因为父母带我走遍全国各地去治病，所以我从小就体验了古人所说的"读万卷书，不如行万里路"，见的世面比同龄的孩子多得多，尤其是母亲对我的影响很大。我觉得母亲真是一个非常有智慧的女性，是一个伟大的母亲。她从来不包办、不代替我去做一些事情。她不仅仅把我当作她的女儿，或者说不是把我当作她的一个残疾女儿，而把我当作一个真正的社会人，从小就让去学会独立，去学会和家庭以外的社会人交往，培养我的自信心和与人交往的胆量。第二个是，可能由于内心比较敏感，再加上自己身体的原因，我从小就特别会观察。比如，我要做什么事件，只要观察到母亲的表情不是特别高兴，就马上意识到这个事情我做得不够好，就会思考要怎么去改进。

许源：家庭打了一个底色，培养了您的性格和看问题的基本角度，然后您被充分肯定和认可，自己的很多优点和潜能发挥出来？

李丽：是这样。回想起童年发生的一些事情，我发现其实我特别幸福，包括参加工作以后，这么多领导关心我、支持我。当然我遇到的困难也很多，只不过我喜欢对困难选择性地过滤，喜欢记住那些让我铭记感恩的人和事，而那些消极的、不快乐的人和事会被我选择性地忘记。所以在病床里一想，我就觉得我很幸福。

许源：您在这个被迫的、痛苦的经历中去反思自己的人生。我听您的故事，感到您是那种非常有趣、内心很丰富的人。那您是隔了多久以后想去创办李丽心灵教育中心呢？

李丽：在医院里躺了半年以后，我就开始琢磨这件事情。我觉得我可能不适应过去的生活，不适应在商场中打拼的状态，我想要求变。带着这种基本的思考我又回到公司，因为我还要主持工作，我既是董事长又是总经理。我想到了4句话，其中最后那一句话是"把残疾当资源"。因为我已经坐轮椅了，走不出去，但是作为一个商人来讲，办自己的企业，信息等于金钱。我主动跟我认识的、不认识的领导打电话，和他们说我已经出院了。他们一听说我出院了，就来看望我，我就获得了很多信息，其中我获得的一个重要信息是一个监狱有园林工程。我当时在主持园林园艺公司的工作,就赶紧通过我的社会资源,把监狱长和政委请过来。

许源:那个时候您开始接触到监狱帮教的一些内容?

李丽:对,我是想接工程的,结果没有想到,把领导们请过来,他们了解到我对生命的这种理解和深刻的反省,都觉得不可思议,就说"你有那么深刻的反省,为什么不教人反省、教人改过呢?"反省是改过的前提。他们都觉得很佩服,希望我去做监狱帮教。面对这样的契机,一方面是为了公司业务的发展,我就第一次进了监狱做帮教。这次监狱帮教时,看见他们的来信,我突然有一种很亲切的感觉。因为我觉得我坐上轮椅之后失去了自由,觉得这辈子他们比我还幸福,因为他们只要好好改造,还可以获得自由,但是我这辈子无论怎么努力改造,都离不开轮椅。所以我想象他们就坐在我的身边,向我娓娓道来,讲述自己现在的经历,我就不断给他们写回信。

许源:您后来就以书信的方式和监狱服刑人员有很多的沟通?

李丽:是的。沟通多了,到2005年我就有困惑了。我每天白天忙完董事长的工作,晚上写回信,然后收到回信会体味到快乐和享受,这也是一种成就。有些人从一开始告诉我他们仇视社会、埋怨亲人等,到后来他们立功减刑、感恩忏悔,把我写的信给其他狱友分享,然后发动身边的人。那些人也觉得很感动,给我来写信,我觉得挺有成就感。但同时最大的困惑是,他们会给我提很多问题。因为他们把我当作百科全书,觉得我是一个非常了不起的、成功的女企业家,是一个了不起的女董事长,加上帮教以后我也通过一些故事讲述自己的经历,他们觉得我是一个百毒不侵的斗士,所以就什么都来请教。数学题不会做要来问我,孩子教育、父母赡养、夫妻感情问题等都来问我,我就发现自己的"内存"严重不够。这个时候我才觉得过去给他们写信也是一种监狱帮教,原来未成年人或者青年犯罪的原因和家庭教育有关。我才发现,我是家庭教育的受益者,所以才有了今天,而他们是家庭教育的受害者,所以才导致了悲剧的发生。我觉得我找到了自己重新想要从事的方向,立志要成为一个受人尊敬的助人者，然后把公司全部放下，去北京读书。

许源：您之前从事商业，转到另一个方向后，刚开始的时候有什么困难吗？

李丽：刚开始去读书非常快乐。它完全改变了我过去的生活方式和思维系统，等于我的内存全部重新装过，所以我觉得在知识的海洋去吸收更多能量的时候非常幸福。但回来以后很迷茫，我原来从商的时候公司门前车水马龙，结果我这一走公司关闭以后门可罗雀，那种宁静让我心里很恐慌、很失落。我记得2005年9月我从北京回来，整个人都不好了，可能内火攻心，呼吸道上火，很疼，嗓子都烂了，说不出来话。我就和管家说，给我一个月时间，这一个月我不想见任何人，也不想接任何电话，不想回任何信件。我要用这一个月的时间关起门静静地思考，结果每天晚上就想死，每天早上起来又想我要怎么活，真的就没有方向，好迷茫、好痛苦，而且这种痛苦没有办法说出来。

许源：做公益行业的人，特别是在十几年前、二十年前的先行者，不知道是怎样的力量促使他们去从事这么一个看不到前景的行业，有种前路未卜的感觉。

李丽：没错，我觉得自己看不懂自己，这件事有前途吗？我也搞不懂。我一方面享受读书的快乐，另一方面怀疑读书的价值。我去学家庭教育，那么什么是家庭教育？所以那一个月我关起门来思考这些。这期间我做了一件非常有意义的事情，开始整理我从3月到9月在北京学习的各种教案、笔记，开始用电脑做PPT，做了30多个课件。课程排出来后，我开始把残疾当作资源，第一个电话就打给我们农业局的局长，自告奋勇地到他们单位做一个有关家庭教育的学习分享。他说"好，别说家庭教育，就请你来跟大家分享你的个人成长经历、奋斗史都不得了"。他马上派人对接，整个机关的所有干部职工都在现场聆听我做的第一场家庭教育讲课，他们包括局长最后的总结都对我给予了高度的肯定。受到鼓励后，我就开始做规模化的巡讲，"李丽百校感恩心"系列心理讲座开始了。那个时候刚好在讲"八荣八耻",我专门针对八荣八耻、针对自己的学习,结合家庭教育和经历来做,慢慢地就做出品牌,有了社会影响力。工作室就开始出现在我们《衡阳日报》头版头条——"李丽衡阳家庭教育倡导第一人"。

许源:后来为什么到长沙成立李丽心灵教育中心?

李丽:这个有多方面原因。一个跟我自己内在的原因有关。成为名人之后,我发现名人挺不好当,当名人需要有承受力,还要有综合能力。我很辛苦,全国各地家长大年三十就往这里赶,小区旁边的宾馆经常住着全国各地到这里来的家长,而且本地一些朋友的孩子不读书、有网瘾,也会找我来开导,所以每天就像流水席一样,全国各地来的人我们随时接待。我就进行个人辅导、小团体辅导、家长培训讲课等,开始做未来精英训练营,组建起五星妈妈俱乐部,为家长和孩子共同搭建各种平台,让他们来学习。可是接待咨询的时候我发现太痛苦了,因为接受家庭教育的孩子所面临的问题,看起来好像是孩子的问题,实际上是家庭甚至是家族的问题。孩子有病,家长吃药,不是解决了孩子的问题所有问题就都解决了,特别是如果家长不好好学习的家庭,孩子也没办法成长。它真的是一个庞大的系统工程,而且需要巨大的耐心去陪伴,对孩子又不能仅仅用教育的方式。别人说,李老师,你怎么改变那么多孩子和家庭?我说,我改变不了任何人。最好的教育就是用生命影响生命、生命陪伴生命、生命唤醒生命,用良知去唤醒良知。后来我发现我自己不断地往里面垫钱,加上我获得荣誉以后,很多人就把我当成华佗再世。

许源:有很大的被需要的感觉,但会不会有很强的无力感?

李丽:对,我觉得我后悔了,我不该当这个名人,我觉得好痛苦。第一,我确实不能够去解决所有的问题;第二,连我上洗手间,家长都会跟进来,希望尽快地跟我交流。一大清早6:30就有家长来敲门,想要来这里当志愿者,其实就是想解决自己的问题。

许源:这个工作很难做。您可能会帮助这个孩子更健康地成长,但不可能解决家庭的矛盾。那您会不会慢慢调整自己对这件事情的期待？

李丽：我觉得我来做这个工作是对的。如果自己内心不够强大，不能够很好地排遣外界带来的各种负面的东西，可能谁都受不了，因为自己会深陷其中。我怎么做呢？第一，我很用心地为家长和孩子们服务，只要能想到的方法，我都会想尽一切办法去尝试。我为他们付出越多，心里就越踏实；自己尽力了，我心里安生。第二，我不求你们改变。我经常跟家长讲，你改不改变跟我没有关系，因为你不改变是你自己后半辈子的痛苦，我只是尽到告知你、和你一起分享、和你一起交流的责任。另外，我通过QQ、电话、写家书的方式和孩子交流，我觉得我做得越多，心里越踏实。

许源：您从衡阳到长沙会不会有一些模式上的转变？

李丽：肯定有，来长沙是一个非常正确的选择。一方面是为了事业的发展，长沙毕竟是省会城市，社会服务或者公益行业发展的土壤更加肥沃，人们对公益的理解也更加深刻，对社会服务的认知程度要高，信息量要大很多。另一方面，对我们来讲，来到一个陌生的城市，什么也没有。特别是刚来的时候，很多事情不是我们想象的那样，我们的办公室都搬了好多次，装修花了好多钱，到现在为止我都住在租的房子里。

许源：经过多年的发展，湖南李丽心灵教育中心在项目模式、资金渠道上有怎样的拓展呢？

李丽：我特别感谢2013年李丽心灵教育中心作为省级社会服务组织第一批入围承接政府购买服务。那个时候的资金已经捉襟见肘，真的觉得压力很大，这么多开支，这么多员工要发工资，还有各种经费，后来开始有了政府购买服务，我们就努力去争取。通过连续两年承接政府购买服务后，我们知道了什么是规模化和项目化的规范运作。因为早期的项目运作全靠我自己，后来因为承接政府购买服务，我们才开始组建项目组，才意识到应该项目化运作。

许源：您的团队是什么时候开始拓展的？

李丽：2013年，就是从政府购买服务后开始补员的，从项目、指标设计、成果呈现等各个方面开始拓展。财务管理是我一直比较关注的，到长沙后我仍然把财务班子配得很齐，然后就开始做项目。

许源：后来资金来源上还是以政府购买服务为主吗？

李丽：我们很感谢政府购买服务，这给我们团队的能力建设提供了支持，有利于我们对社会服务工作的理解，服务面也更宽一些，但同时我也有一些思考。接受项目评估的过程，我觉得政府每年投资做政府购买服务，一方面是社会有需要，包括解决社会问题、研究社会问题、解决社会矛盾等；另一方面也存在要培育更多的社会组织，将来能承接政府购买的社会服务的需要，把那些政府做不了的事情交给社会组织来做。这是未来的一个趋势，这个本意是好的，但有些政府购买服务的项目设计是闭门造车，很多时候跟实际操作中的资金配给、任务完成、指标完成不匹配。这种不匹配会造成很多社会组织发育不良。2016年以后，我就和李丽心灵教育中心的孩子们反复讲，要减少对政府购买服务的依赖，原来对政府购买的依赖可能有80%，以后要降到30%甚至更低。公益项目像一个产品，我们要努力把产品打造好、打磨好，创新是为了发展，发展就要创新。李丽心灵教育中心在整个湖南省或者在民政系统都有一定的影响力，我们不能再仅仅当运动员，应该既是运动员又是教练员，要在某一个领域成为制定标准的标杆。社会服务有服务和倡导两大功能。我们做了这么多年社会服务，现在逐渐有几个项目由于我们的倡导引领政府出台政策，这就是好的方向。社会组织要有一个好的发展，除了坚持自己的使命，我认为还需要有很好的营销能力和创新能力，很多社会组织这两条腿是发育不良的。

许源：您说到的创新能力主要来自哪里？您的团队创新力是怎样的？

李丽：国内很多优秀组织都源于创新，也有很多优秀品牌的公益项目做得挺好，但是我所接触的，包括我们团队的创新意识还不够强，几乎没有公益营销的意识。我经常跟他们讲，我们不要当小社工，要成为大社工。他们不明白什么叫"大社工"。我说，在我的心中，关心政治是一种稀有的情怀。我们成立湖南李丽心灵教育中心，宗旨是为天下青少年解惑，为天下父母亲排难，为党和政府解忧。社会组织存在的价值是去发现社会问题、研究社会问题、解决社会问题。如果我们不具备这种能力，社会组织就没有存在的价值，这就是要求我们要做大社工的原因。一直以来，社会工作这个行业的社会影响力都比较小，人们对社会服务工作的认知度蛮低的。

许源： 作为管理者和领导者，您应该非常担心后续的人才梯队建设问题。

李丽： 非常头疼，这个问题非常难。李丽心灵教育中心的执行主任万强，是社工专业，2013年我们承接政府购买服务时进来的。乐创的葛鹏是大一就跟随我。这两个执行主任齐头并进，我挺感谢他们。最开始他们不理解我为什么那么在意和政府关系的处理，认为把自己的事做好了就行。万强过去对此比较排斥，不接纳，后来她说"跟随李丽老师受益了"。我一直在培养她，介绍她加入致公党。这次致公党市委把她提拔为支部主任委员，把她送出去参政议政，去了解除社工专业以外的社会知识，丰富她的社会阅历。在省里开会，我说我们"丽家军"在湖南省可能也是唯一的，唯一的是什么？我是省人大代表，除了我个人获得的一些荣誉以外，我们机构现在有两名民政厅表彰的优秀党务工作者、两名共青团青年委员的骨干、一名妇联的兼职副主席、一名侨联的兼职副主席、两名优秀致公党党员、一名共青团智库成员，还有一个优秀政协委员、一个"长沙好人"等，这次我们的书记还被组织部表彰为优秀中共党员。

许源： 您的机构是如何留人的？

李丽： 把自己经营好是前提。我觉得团队留人首先是靠情感。人是一个有情感的动物，大家彼此相处，你信任我、我信任你，你欣赏我、我欣赏你，你崇拜我、我崇拜你，这种欣赏联结着彼此的关系。情感留人要放在第一位，人和人之间一定要建立情感关系。第二是事业留人。既然我们做的事业能感动中国，不就说明这个事业是一个有前景的事业吗？我们来到长沙以后，团队获得了那么多荣誉，得到了那么多支持，取得了那么多成绩，尽管现在也面临很多困难，但说明事业的发展方向是对的。第三是待遇留人。虽然整个行业或整个地区的社会服务工作的薪资基本差不多，但是我不会去做公益路上的苦行僧，我一定要带领大家创新，让大家生活得有尊严、有幸福感。

许源：您如何培养团队？

李丽：现在带队伍都交给年轻人，葛鹏、万强、小蔡都成长了，这"三驾马车"是稳定的，等于我的"铁三角"在这里了。很多事情我觉得我应该放手，把人事权、财权都放给他们，让他们能够独当一面，并努力宣传他们，把他们推到最前面。别人讲，我们发现"感动中国"之后，李丽老师的个人荣誉越来越少，集体荣誉和团队中的个人荣誉越来越多。那是我在不断培养年轻人的结果。我是抓住任何机会，在培养第二梯队，让大家在做好自己的专业服务的同时，走出狭小的小社工的成长圈，去更多地了解社会，更多地了解参政议政等多方面的社会事务，压担子给团队。他们要有什么事情来跟我商量，我会说这个想法很好，你自己先去做，需要我支持时就说一声。一旦他们在工作当中遇到了挫折，受到了批评或者有不和谐的声音，我都会说"你放心，我承担责任"。我一定是这么做的。

许源：您做了这么多年的公益，您认为哪些方面是这个行业应该亟待改善的？

李丽：从外部环境来讲，政府部门对社会服务和社会工作的一些观念还需要改变，这是大的社会环境，很重要。我到新加坡、泰国、我国台湾地区学习，感觉他们的社工有那种幸福感和自信心。文化是不同的，他们不像是谁的跟班，而是特别有工作激情、职业骄傲和文化自信。我们的社工如果要达到这种状态，那么政府应该转变固有观念，发挥重要的推动作用。从内部环境来讲，我觉得宣传和影响力这两个方面其实做得不太够，从事社会服务的工作人员要有一些正确的观念，不要觉得你是在做社会服务、做好事，大家应该理解你、支持你，这是你的价值观。有人不支持很正常，有人支持是应该感恩的，要正确地理解外部环境。另外，小社工要有大情怀，做什么事情没有情怀，可能就不会坚持。具体来说，社会组织发展面临两大瓶颈，一个是人才瓶颈，另一个是经费瓶颈。经费问题解决了，人才问题也会好一点，可以高薪聘请更多优秀的、跨行业服务的人才。怎么解决经费问题呢？这些年我一直在思考怎么打通"造血"，实现自己的循环。就像徐永光老师所说的，公益向右、商业向左，怎么把二者进行有机结合，其实我每时每刻都在思考这个问题。我希望用商业的手段来解决社会问题，把公益和商业有机结合是我未来努力的方向，最后要形成社会企业。我跟团队开会的时候说，我们一直说要创新服务产品，实际上《生命的滋味》这本书就是一个项目，是"富心工程"的一个系列产品，应该怎么营销好这个项目呢？通过这个项目可能会衍生更多的其他项目，和企业等部门合作，这些都能给我们提供助力。政府现在不断给企业招商引资，为什么不可以把社会组织集中起来，和企业对接呢？不管最后结果如何，这是一种宣传的途径，让更多热心公益、愿意承担社会服务、有能力承担社会责任的个人或者公司有一个了解社会服务的平台。社会组织一定要走出去，一定要有面对面交流的机会。

许源：和您的交谈受益匪浅，非常感谢您接受访谈。祝您和机构越来越好！

域外见闻

INTRDUCTION OF RESEARCH
INSTITUTION OVERSEAS

英国志愿行动研究中心的运作与启示*

曹 宇 赵 挺**

摘 要： 英国志愿行动研究中心隶属于东英吉利大学的健康科学学院，致力于志愿者、志愿组织、志愿服务等方面的研究，传播志愿行动的理念和规律，推动志愿行动的实践。英国的志愿行动是比较活跃和有力的，所以不管是研究中心的运作还是志愿行动的实践都有值得我国学习的方面。在"残障与志愿行动"的学术工作坊中，与会者认为，虽然中英两国的社会文化、社会政策框架是不一样的，发展阶段也是不一样的，但在助残社会服务领域遇到不少相似的困境，两国应该加强合作交流。

关键词： 志愿行动研究中心 残障服务 时间银行

---

* 基金项目：国家社会科学基金青年项目"地方政府培育社会组织的运作机制及改进策略研究"（17CZZ029）。
** 曹宇，华东政法大学政治学与公共管理学院硕士研究生，主要从事社会组织管理等方面的研究，E-mail：caooyyu@163.com；赵挺，华东政法大学政治学与公共管理学院副教授，硕士生导师，上海交通大学管理学博士，主要从事社会组织管理、公共冲突治理等方面的研究，E-mail：zhaobdting@163.com。

志愿行动的内涵日益丰富，除了扶贫、教育、环保等传统议题外，非物质遗产保护、临终关怀等议题也逐渐走进公众的视野。志愿行动的形式越来越多元，线上线下的志愿行动纷纷涌现，多样化的志愿行动同时表现出鲜明的共性与趋势，诸多国家成立了专门的研究机构对志愿行动的规律进行研究。志愿行动研究中心（the Institute for Volunteering Research，简称"研究中心"）是英国具有较大社会影响力的机构，创建于1997年，至今已有二十多年的历史。那么研究中心是如何运行的？在公益慈善领域开展了哪些研究项目？这些对我国具有怎样的启示？本文试图来回答这些问题。

本文资料来自对研究中心的实地考察和相关的二手资料。第二作者于2019年9月25日至10月7日在英国志愿行动研究中心访问，与研究中心负责人于尔根·格罗茨（Jurgen Grotz）博士合作开展"残障与志愿行动"的学术工作坊，围绕相关问题进行了深入的探讨，并形成了初步的合作研究纲要。二手资料全部来自英国志愿者组织联合会官网[①]、东英吉利大学的健康科学学院[②]。

一 组织使命和治理架构

研究中心的使命是致力于专业化的志愿行动研究，加深人们对志愿行动的认知与理解，分享志愿行动研究的成果与理念，提高公众参与志愿行动的意愿与热情，携手共创一个更为美好的世界。

成立之初，研究中心是作为英国志愿行动机构（Volunteering England）的一部分。2013年，研究中心开始成为英国志愿者组织联合会（the National Council for Voluntary Organizations）的研究部门。有必要提及的是，志愿者组织联合会是一个全国性的枢纽型社会组织，建立于

---

① https://www.ncvo.org.uk/institute-for-volunteering-research，最后访问日期：2020年2月13日。
② https://www.uea.ac.uk/faculty-of-medicine-and-health-sciences/ivr，最后访问日期：2020年2月16日。

1919年，共有14000个会员机构。这些会员来自全国各地，约为全国非营利组织劳动力的1/3。志愿者组织联合会的功能主要有：为志愿者组织建立联结提供平台；通过研究影响政府决策，代表志愿者组织的利益；通过信息和知识支持志愿者组织。

2019年，研究中心的发展又发生了较大变化，搬迁至东英吉利大学的健康科学学院，成为该学院推进科研生产和实务对接的一个部分。志愿者组织联合会负责公共政策的部门主任卡尔·威尔丁（Karl Wilding）表示："研究中心的工作长期以来聚焦志愿行动研究，侧重于为政策和实践提供信息，与东英吉利大学建立长期的伙伴关系，有助于更好地推进学术研究。"[①]

研究中心的治理结构由秘书长、研究团队和顾问团队组成。于尔根·格罗茨博士负责日常管理，担任研究中心的秘书长。他本人于1996年毕业于伦敦大学亚非学院，获得汉学博士学位，早在20世纪90年代在北京大学学习汉语，关注中国盲人的生存状况。他主要通过参与式的方式去推进很多事务，至今已有二十余年的实务经验。

目前的研究团队由以下五位成员组成。菲奥娜·波勒（Fiona Polan）是志愿行动研究的学术负责人，同时是顾问团队的成员。作为一名社会学家，她主要研究社会融入问题。其他团队成员的研究情况如下：琳达·比尔特（Linda Birt）领导的研究项目是如何为痴呆症患者提供社区服务支持；杰斯·布莱克（Jess Blake）领导的研究项目是探索志愿者在临终关怀服务提供中的角色；乔安娜·迪甘（Joanna Drugan）领导的研究项目是在服务欠缺的社区如何为社会服务的接收者提供语言方面的支持；盖伊·普尔（Guy Peryer）领导的研究项目是分析能够提供较好临终关怀服务中的志愿者的特征和具体角色。顾问团队由九位专家组成，包括上文提及的菲奥娜·波勒博士。他们的职业和

---

① https://www.ac.uk/web/groups-and-centres/institute-for-volunteering-research，最后访问日期：2020年3月13日。

过往经历如表1所示。

表1 研究中心顾问团队成员简介

姓名	简介
莎莉·戴森 (Sally Dyson)	志愿行动研究中心咨询小组成员，在英国国家医疗服务体系工作19年
希瑟·爱德华 (Heather Edwards)	音乐学家，曾在东英吉利大学和剑桥大学讲授音乐
马克·希契科克 (Mark Hitchcock)	东英吉利大学社会合作部门的主任，有俄罗斯、意大利、斯洛文尼亚和波兰多国学习和工作的经历
安德鲁·亨特 (Andrew Hunt)	东英吉利大学职业生涯指导服务和就业部门的协调官，为在校生和毕业生提供各种服务
维罗尼克·约胡姆 (VéroniqueJochum)	曾领导英国志愿者组织联合会志愿行动研究项目，拥有15年工作经验
迈克·洛克 (Mike Locke)	长期在志愿服务领域担任志愿者、研究人员、作家、老师和顾问
布里奇特·潘海尔 (Bridget Penhale)	东英吉利大学的教授，同时也是一名社工
斯科特女男爵 (Baroness Scott)	自2000年5月以来一直担任上议院议员，热心志愿服务

二 典型研究项目介绍

研究中心在志愿行动这一领域做出了很多深入的研究，包括志愿者管理、健康和社会关怀、微型志愿行动、定义和理解公共参与和志愿行动等。过去的这些年，研究中心已经完成了诸多研究项目，以下仅对其中的六份研究报告进行简单介绍。

（一）年轻人就业技能提升项目

如何降低年轻人的失业率一直是研究中心关注的问题。2015年7月，研究中心发表的简报中探讨了旨在为提高年轻人就业能力而发起的一个项目——Asda体育明星项目。雇主普遍发现年轻人缺乏就业的软技能，包括获得别人信任的能力、尝试新事物的能力、与他人交流的能力、激励他人的能力、合作能力、自我管理能力等。研究中心指出"此项目关键是增进年轻人的自信心、领导力"，超过55%的青少年体育领袖认为，这些开设的课程将有助于他们在职场中更有竞争力。同时研究中心也指出"项目鼓励学习者反思自己的经历、学习和技能，改善与雇主的关系，学习并具备工作中所需要的技能和知识"，通过这些方法，可以有效降低年轻人的失业率（Stuart，2015a）。

（二）青少年的志愿服务与行动

影响青少年参与志愿服务和社会行动的因素是研究中心关注的重要议题之一。研究中心通过对2015年青少年体育领袖项目的研究以及2014年青少年社会行动调查，分析影响青少年参与志愿行动的因素。在对1274名青少年进行分析的过程中发现，大多数青少年认为参与志愿活动可以获得乐趣；约有55%的青少年无偿地参与了英国的志愿行动；志愿者中有45%的青少年是定期参与。参与志愿活动的过程可以提高青少年对公益事业的热情，有助于青少年结识新朋友，提高社交能力。此外，此研究报告指出志愿行动是否靠近居住地、是否与兴趣有关、是否有闲暇时间、是否能和亲朋好友共同参与、是否有利于自身发展等问题都是影响青少年参与志愿行动的因素（Stuart，2016）。

（三）英国体育明星奖项的社会影响

亚特兰大奥运会的失败使英国政府深刻反省了本国体育竞技发展的不足，为了鼓励更多的青少年参与体育竞技，英国政府发起了"英国体育明星奖"这一项目。体育明星奖项的设立会对参加课程的学习者、提供课程的研究中心以及社区产生哪些影响？研究中心通过做出一系列调查、访谈和小组讨论，志愿者在报告中谈到，他们在参加英国体育领袖奖和资格认证的过程中收获很多，包括信心、沟通技能、团队合作和对公益事业的兴趣。92%的学习者表示他们更有信心，96%的人认为自己对领导团队更有信心。研究表明英国体育明星奖项的设立不仅可以培养青少年个人的发展能力、就业能力和领导能力，还鼓励青少年体验更有意义和吸引力的志愿行动（Stuart，2015b）。

（四）时间银行与微志愿服务

2011年5月，政府颁布的《捐赠白皮书》显示：近年来，公众参与志愿服务的积极性和捐赠意愿已经有了明显下降的趋势。政府认为，英国公民常常会由于时间限制、缺乏资金等阻碍而不愿意参与志愿行动，打破这一困境的核心是提倡微志愿服务。微志愿服务通常是指能够在较短的时间内完成志愿行动。作为一种新的参与形式，微志愿服务可能引发社会变革。志愿行动研究中心和志愿者组织联合会在雀巢的资助下发起"让你的时间变得更有价值：微志愿服务的机遇和挑战"这一项目。虽然近年来微志愿服务受到了政界人士和学者的极大关注，但在文献检索过程中发现相关研究很少。因此，这一项目决定从两个方面扩大检索范围：第一，侧重分析网络文章和博客中关于微志愿服务的相关报道；第二，与志愿行动的发展趋势相关的研究。这些新趋势可能表明了微志愿服务的未来发展方向。采取这种方法，有助于将理论与实践相结合，提出并解决微志愿服务中所面临的难题（Jochum and Paylor，2013）。

（五）志愿者的生活环境对志愿行动的影响

个人生活环境是否会对参与志愿行动的积极性产生影响？研究中心发现以往针对这一问题的研究关注点过于狭隘——更多地关注行为目标和结果，而忽视了"人"这一主体。因此，研究中心建议通过了解一个人的"人生经历"来把握志愿行动，并发起了一个为期两年半的项目，旨在探索人们参与不同志愿活动的动机。这项研究分别选择了英国的城市、郊区和农村三个地点进行。研究人员通过对志愿者进行访谈，深入了解志愿者参与志愿行动的经历，还邀请志愿者向公众讲述自己印象深刻的志愿经历。这个项目一方面可以了解到志愿者的经历对个人生活的影响；另一方面，通过志愿者向公众分享故事的过程中引导更多的人参与志愿行动（Miller，2010）。

（六）评估志愿服务对患者的影响

在英国的国家医疗服务体系中，志愿行动的传统由来已久，在卢顿和邓斯特布尔等医院都有志愿者为患者提供志愿服务，然而并没有关于志愿行动对患者的影响这一方面的研究。为了弥补这一知识缺口，研究中心开展了一个创新型项目，评估志愿者提供的服务对不同患者的影响，再通过患者的反馈，使医务工作人员去反思志愿者提供的服务，最终提高志愿者的服务水平，给患者提供更全面的医疗保健服务（Simen，2008）。

三 对我国的启示

英国志愿行动研究中心主要围绕志愿行动开展一系列的相关研究，这些志愿行动既发生在公共部门，又发生在商业部门和第三部门。志愿行动的形式多样，相关的研究议题也比较多元化，包括志愿者、志愿组织、志愿服务。研究中心通过相对科学的研究去传播志愿行动的理念与规律，号召更多的人参与志愿行动，切实推动了志愿行动的实践。研究中心的运作对我国具有如下启示。

第一，英国志愿行动研究中心能够坚守组织使命，通过良好的内部治理结构较好处理与诸多利益相关者的关系，切实推进志愿行动的理念和实践，值得国内多数研究机构学习。值得提及的是，研究中心的网站运营也比较成熟：一是便捷高效，用户只需要打开网页就可以了解到研究中心的详细信息，浏览研究中心的研究报告；二是透明规范，研究中心会将在调研情况公开，接受专家和公众的监督和考评，这可以进一步提高调研报告的可信度和科学性，促进公益慈善事业的发展。

第二，英国的志愿行动呈现全员参与的特征，多数群体表现出对参与志愿行动的积极性，这与英国市民社会的长期发展有关。在英国，志愿者通过社区讲述自己的经历来动员更多的人参与志愿行动，通过适当的物质补贴来激励更多的人参与志愿行动，通过发起"微志愿行动"让更多人有参与志愿行动的可能。这些举措值得我国学习。我国有近2亿的注册志愿者，但是存在参与志愿行动主体单一、志愿者的基本保障不到位、志愿行动过于功利等问题。志愿行动不仅仅是少数人的项目，更应该是一场"接力赛"，公众都应该握好自己的一棒，担负起传播志愿行动理念的责任。

第三，从志愿行动发展的路径和趋势看，我国和英国各有特色和优势，两国能够互相学习借鉴，应该加强合作。在"残障与志愿行动"的学术工作坊中，与会者对以下的观点具有一定的共识：两国的社会文化、社会政策框架是不一样的，发展阶段也是不一样的，但在一些领域遇到相似的困境。以残疾人社会服务领域为例，两国共同面临的困境包括服务对象的诉求不能得到很好的倾听，政府和社会组织之间缺乏信任关系，服务的质量有待于进一步提升等。中国的社会服务发展正处于专业化的阶段，而英国已经出现社会工作"去专业化"的现象，中国能够从英国的发展中获取经验。技术在社会服务领域的运用也值得关注，中国沿海地区的不少做法比英国更为超前，是值得英国等国家借鉴的地方。

【参考文献】

赵挺，2011，《上海世博会志愿行动研究》，硕士学位论文，华东政法大学。

Jochum, V. and Paylor, J. 2013. New Ways of Giving Time: Opportunities and Challenges in Micro-volunteering, Institute for Volunteering Research.

Miller, S. 2010. Understanding Impact in Social and Personal Context: Making a Case for Life Stories in Volunteering Research, Institute for Volunteering Research.

Simon, T. 2008. Health Check A Practical Guide to Assessing the Impact of Volunteering in the NHS, NCVO.

Smith, David H. 2013. "Growth of Research Associations and Journals in the Emerging Discipline of Altruistics." *Nonprofit and Voluntary Sector Quarterly* 42 (4): 638 – 656.

Stuart, J. 2015a. Breaking down Barriers to Employment? Young People and Sports Leadership, Institute for Volunteering Research.

Stuart, J. 2015b. The Impact of Sports Leaders UK awards and Qualifications, NCVO.

Stuart, J. 2016. Volunteering and Social Action among Teenagers, Institute for Volunteering Research.

稿约及体例

《中国第三部门研究》（*China Third Sector Research*）由上海交通大学国际与公共事务学院、上海交通大学中国公益发展研究院、上海交通大学第三部门研究中心主办，上海交通大学中国公益发展研究院院长、上海交通大学第三部门研究中心主任徐家良教授担任主编，是社会科学文献出版社出版的 CSSCI 来源集刊，每年出版 2 卷，第 1 卷（2011年 6 月）、第 2 卷（2011 年 11 月）、第 3 卷（2012 年 6 月）、第 4 卷（2012 年 12 月）、第 5 卷（2013 年 8 月）、第 6 卷（2013 年 12 月）、第 7 卷（2014 年 6 月）、第 8 卷（2014 年 12 月）由上海交通大学出版社公开出版。从第 9 卷开始由社会科学文献出版社出版，现已经出版到第 18 卷（2019 年 12 月）。

本刊的研究对象为第三部门，以建构中国第三部门发展的理论和关注现实问题为己任，着力打造第三部门研究交流平台。本刊主张学术自由，坚持学术规范，突出原创精神，注重定量和定性的实证研究方法，提倡建设性的学术对话，致力于提升第三部门研究的质量。现诚邀社会各界不吝赐稿，共同推动中国第三部门研究的发展。

《中国第三部门研究》设立四个栏目："主题论文""书评""访谈录""域外见闻"。"主题论文"栏目发表原创性的理论和实证研究文章；"书评"栏目发表有关第三部门重要学术专著评述的文章；"访谈录"栏目介绍资深学者或实务工作者的人生经历，记录学者或实务工作者体验第三部门研究和实践活动的感悟。"域外见闻"栏目介绍境外第三部门研究机构和研究成果。

《中国第三部门研究》采用匿名审稿制度，以质取文，只刊登尚未公开发表的文章。

来稿请注意以下格式要求。

一、学术规范

来稿必须遵循国际公认的学术规范，类目完整，按顺序包括：中英文标题、作者姓名、工作单位和联系方式、中英文摘要及关键词、正文、引注和参考文献。

（一）标题不超过 20 字，必要时可增加副标题。

（二）作者：多位作者用空格分隔，在篇首页用脚注注明作者简介，包括工作单位、职称、博士学位授予学校、博士学位专业、研究领域、电子邮箱。

（三）摘要：简明扼要提出论文的研究方法、研究发现和主要创新点，一般不超过 300 字。

（四）关键词：3~5 个，关键词用分号隔开。

（五）正文：论文在 8000~15000 字，书评、访谈录、域外见闻 2000~8000 字。

（六）作者的说明和注释采用脚注的方式，序号一律采用"①、②、③……"，每页重新编号。引用采用文内注，在引文后加括号注明作者、出版年份，如原文直接引用则必须注明页码，详细文献出处作为参考文献列于文后，以作者、书（或文章）名、出版单位（或期刊名）、出版年份（期刊的卷期）、页码排序。文献按作者姓氏的第一个字母依 A~Z 顺序分中、英文两部分排列，中文文献在前，英文文献在后。作者自己的说明放在当页脚注。

（七）数字：公历纪元、年代、年月日、时间用阿拉伯数字；统计表、统计图或其他示意图等，也用阿拉伯数字连续编号，并注明图、表名称；表号及表题须标注于表的上方，图号及图题须标注于图的下方，例：" 表 1 ……""图 1 ……"等；"注"须标注于图表下方，以句号结尾；"资料来源"须标注于"注"的下方。

（八）来稿中出现外国人名时，一律按商务印书馆出版的《英文姓名译名手册》翻译，并在第一次出现时用圆括号附原文，以后出现时不再附原文。

二、资助来源

稿件如获基金、项目资助，请在首页脚注注明项目名称、来源与编号。

三、权利与责任

（一）请勿一稿数投。投稿在 2 个月之内会收到审稿意见。

（二）文章一经发表，版权即归本刊所有。凡涉及国内外版权问题，均遵照《中华人民共和国著作权法》及有关国际法规执行。

（三）本刊刊登的所有文章，如果要转载、摘发、翻译、拍照、复印等，请与本刊联系，并须得到书面许可。本刊保留法律追究的一切权利。

四、投稿

《中国第三部门研究》随时接受投稿，来稿请自备副本，一经录用，概不退稿。正式出版后，即送作者当辑集刊 2 册。期刊已采用线上投稿系统，具体可以登录 dsbm. cbpt. cnki. net 进行投稿操作。如有问题，请联系邮箱 cts@ sjtu. edu. cn。

五、文献征引规范

为保护著作权、版权，投稿文章如有征引他人文献，必须注明出处。凡投稿者因违反法律法规规定或其他原因而导致的知识产权、其他纠纷等问题，本刊保留法律追究和起诉的权利。本书遵循如下文中夹注和参考文献格式规范。

（一）文中夹注格式示例

（周雪光，2005）；（科尔曼，1990：52~58）；（Sugden，1986）；

(Barzel, 1997: 3 - 6)。

(二) 中文参考文献格式示例

曹正汉,2008,《产权的社会建构逻辑——从博弈论的观点评中国社会学家的产权研究》,《社会学研究》第 1 期,第 200~216 页。

朱晓阳,2008,《面向"法律的语言混乱"》,中央民族大学出版社。

詹姆斯·科尔曼,1990,《社会理论的基础》,邓方译,社会科学文献出版社。

阿尔多·贝特鲁奇,2001,《罗马自起源到共和末期的土地法制概览》,载徐国栋主编《罗马法与现代民法》(第 2 卷),中国法制出版社。

(三) 英文参考文献格式示例

North, D. and Robert Thomas. 1971. "The Rise and Fall of the Manorial System: A Theoretical Model." *The Journal of Economic History* 31 (4): 777 - 803.

Coase, R. 1988. *The Firm, the Market, and the Law*. Chicago: Chicago University Press.

Nee, V. and Sijin Su. 1996. "Institutions, Social Ties, and Commitment in China's Corporatist Transformation." In McMillan J. and B. Naughton (eds.), *Reforming Asian Socialism: The Growth of Market Institutions*. Ann Arbor: The University of Michigan Press.

六、《中国第三部门研究》联系地址和联系方式

上海市徐汇区华山路 1954 号

上海交通大学徐汇校区新建楼 123 室

上海交通大学中国公益发展研究院

上海交通大学第三部门研究中心

邮　编：200030　　　电　话：021 - 62932258

联系人：张　圣　　　手　机：13122935153

致　谢

邓国胜（清华大学）、郭俊华（上海交通大学）、吴新叶（华东政法大学）为《中国第三部门研究》第19卷进行匿名评审，对他（她）们辛勤、负责的工作表示衷心的感谢！

CHINA THIRD SECTOR RESEARCH
Vol. 20 (2020)

Table of Contents & Abstracts

ARTICLES

The Multiple Predicaments and Transcendence of Social Organizational Participation in Cross-border Public Services: An Investigation on the Practices of Social Organizations for Migrant Children's Education in the Yangtze River Delta *Liu Yuzhao Wang Yuanteng* / 3

Abstract: In the practice of migrant children's education services, social organizations have to face the double constraints including "cross-region" and "cross-field". On the one hand, the education of migrant children straddles the borders of administrative responsibilities between inflow and outflow government, social organizations will face the tension of border division implied by "cross-region" public services; on the other hand, when social organizations participate in the provision of public services, they need to interact closely with the local government, the market, and other social organizations, and are faced with the tension of the inevitable separation named "cross-field" collaboration. Based on the micro-practices of social organizations in the field of migrant children's education in the Yangtze River Delta, the article sorts out the multiple dilemmas faced by social organizations and their practices. The study found that in the face of the above-mentioned challenges, social organizations have respectively explored transcendental practical strategies for "network-link" and "gap-bonding". On the one hand, by building an intermediary bridge and creating a link platform, social organizations try to remove cross-regional tension; on the other hand, practical strategies of social organizations such as resource conversion, organizational cutting, and identity diversification aim to eliminate cross-field tension. The article not only enriches the realistic path of social organization participation in the process of optimizing the education of migrant children, but also provides empirical experience for the theoretical advancement of social organizations to reconcile external tensions.

Keywords: Yangtze River Delta; migrant children's education; social organizations; cross-border public services

Strong Government and Strong Society: Experience and Enlightenment of Singapore Social Organizations' Participation in Social Governance
Ma Yuli   Li Kunxuan / 31

Abstract: Social organizations play a role in uniting society, bridging conflicts, Maintaining the relationship, etc., and play an important role in social governance. Although the characteristics, tasks and missions of our social organizations are different from those of Singapore, there are still large similarities and commonalities in some matters between the two. Learning from others can improve one's self. In the current context of vigorously advancing the modernization of the national governance system and governance capabilities, and building a community of shared future for mankind, by examining the experience of its social organizations in social governance through the method of case analysis, we can find the distinctive "strong government and strong society" characteristics of its social governance, which has certain appeals and enlightenment for improving the path of social organizations participating in social governance. In the new period, we should give full play to the functions of social organizations, and further build an operating mechanism and social organization system for social organizations that participate in social governance in line with China's national conditions. Taking the multiple co-governance as the logical starting point and integrating the multi-dimensional synergy of government and society, we can shape the modern style of China's social governance in the new period.

Keywords: social organization; social governance; multiple interactions; strong government; strong society

Analysis of the Cooperative Supervision of Information Disclosure by Charitable Organizations from the Legalization of Charity

Ma Guixia Pan Lin / 52

Abstract: The legal system for charity industry in China is constantly being improved. The multi-party collaborative supervision system of the information disclosure by charitable organizations is of great significance to the construction of the credit system of charitable organizations. Based on the theory about Governing Cross-Sector Collaboration and charity-related policies and procedures, this paper analyzes the cooperative supervision of information disclosure by charitable organizations, and uses the Delphi method and Entropy method to rank the multiple supervisory entities and supervisory content according to their importance. Based on this, a cooperative supervision model of information disclosure by charitable organizations under the legalization of charity is constructed. In addition, the roles and operational strategies of various regulatory entities are analyzed in detail.

Keywords: charitable organizations; information disclosure; cooperative supervision

Subject Cooperation and Resource Accessibility: The Typical Paths of Charitable Organizations' Participation in Medical Assistance: The Comparative Analysis of 135 Cases

He Lanping   Wang Shengyu / 69

Abstract: Multi-sector charitable medical assistance plays an important role in the field of health and poverty alleviation, which has been a hot topic in social assistance research. Based on the theory of cooperative governance and the usability of public services, this paper establishes the theoretical analysis framework in two dimensions of the cooperation of the rescue subject and the rescue resources. In this study, 135 charity medical assistance projects were taken as research objects, and their relief paths were analyzed by Crisp-Set Qualitative Comparative Analysis (csQCA). The study finds that political and social cooperation is beneficial to the good effect of charitable medical aid, local relief projects can promote the adequacy and pertinence of relief, and the cooperation framework of multi-subject charity medical assistance is not perfect.

Keywords: charitable organization; medical assistance; multi-subject coorperation

Coproduction of Community Services in Grid-based Governance: A Case Study of W District, S City

Tu Xuan / 94

Abstract: Grid-based governance has been implemented as a governance strategy in urban residential communities in recent years. This article adopts a coproduction perspective by examining the conditions and dilemma when implementing this strategy. An in-depth case study of W district, S city has suggested that coproduction is not fully achieved in urban communities. The findings indicate that the transition from administrative communities to collaborative communities is required to serve the institutional basis for coproduction. It further suggests that the government is expected to encourage more public participation in order to facilitate the civic side of coproduction in future. Policy implications are provided in conclusion.

Key words: residential community; grid-based governance; coproduction

How is Sustainable Volunteerism Possible? An Exploratory Study Based on Grounded Theory　　　　　*Wang Huan　Wei Na* / 113

Abstract: Since 2008, voluntary service in China has been developed in an all-round way, but the loss of volunteers and the unsustainability of voluntary service are still the lifeblood hindering its future development. Therefore, through interviews with experts, scholars and volunteers in this field, this paper makes a qualitative analysis of the interview data by using the method of grounded theory, and obtains the influencing factors of sustainable voluntary service, that is, personal factors, organizational and social factors. According to the logical chain of volunteer participation in voluntary service, the participation process is divided into three stages: non-participation stage, participation experience stage and participation end stage, and the mechanism is analyzed one by one. At the same time, based on the willingness to participate and voluntary behavior, volunteers are divided into three types: Warm-hearted type, Growth type, Sleeping type and Passive type. According to the characteristics of each stage and the types of volunteers, three sustainable paths of voluntary service are put forward.

Keywords: grounded theory; voluntary service; volunteer

BOOK REVIEW

Strategies and Limitations of NGOs' Participating in the Governance of Major Emergencies: Comment on the "Response to the Major Emergencies: The Cooparation Path berween Gorernment and NPO"　　　　　　　　　　　　　　*Xu Yuan　Zhang Miaomiao* / 139

Strategic Actor: the New Role of Business Association in Policy Participation: Comment on the "Chinese Business Association's Policy Participation: An Investigation from the Perspective of State-Society Relation"　　　　　　　　　　　　　　　　　　　　　*Wu Haodai* / 148

INTERVIEWS

Proposing Conceptions and Supplementing Expertise: Social Power in Cooperative Management of Disaster: Interview with Captain Xiangfei Ye, Red Shield Emergency Rescue Team of Jiangshan city
　　　　　　　　　　　　　　　　　　　　　　　　　　　Li Wu / 157

The Life Needs to be Motivated and Experienced: A Dialogue with Li Li, Director of LILI Mind Education Center of Hunan　　*Xu Yuan* / 167

INTRODUCTION OF RESEARCH INSTITUTION OVERSEAS

The Operation and Enlightenment of the Institute for Volunteering Research in England　　　　　　　　　　　　*Cao Yu　Zhao Ting* / 183

图书在版编目(CIP)数据

中国第三部门研究.第20卷/徐家良主编. -- 北京：社会科学文献出版社,2020.12
ISBN 978-7-5201-7483-1

Ⅰ.①中… Ⅱ.①徐… Ⅲ.①社会团体-研究-中国 Ⅳ.①C232

中国版本图书馆 CIP 数据核字（2020）第 204042 号

中国第三部门研究 第20卷

主　　编 / 徐家良

出 版 人 / 王利民
责任编辑 / 胡庆英
文稿编辑 / 孟宁宁

出　　版 / 社会科学文献出版社·群学出版分社（010）59366453
　　　　　　地址：北京市北三环中路甲29号院华龙大厦　邮编：100029
　　　　　　网址：www.ssap.com.cn
发　　行 / 市场营销中心（010）59367081　59367083
印　　装 / 三河市东方印刷有限公司

规　　格 / 开　本：787mm×1092mm　1/16
　　　　　　印　张：13.5　字　数：187千字
版　　次 / 2020年12月第1版　2020年12月第1次印刷
书　　号 / ISBN 978-7-5201-7483-1
定　　价 / 89.00元

本书如有印装质量问题，请与读者服务中心（010-59367028）联系

版权所有 翻印必究